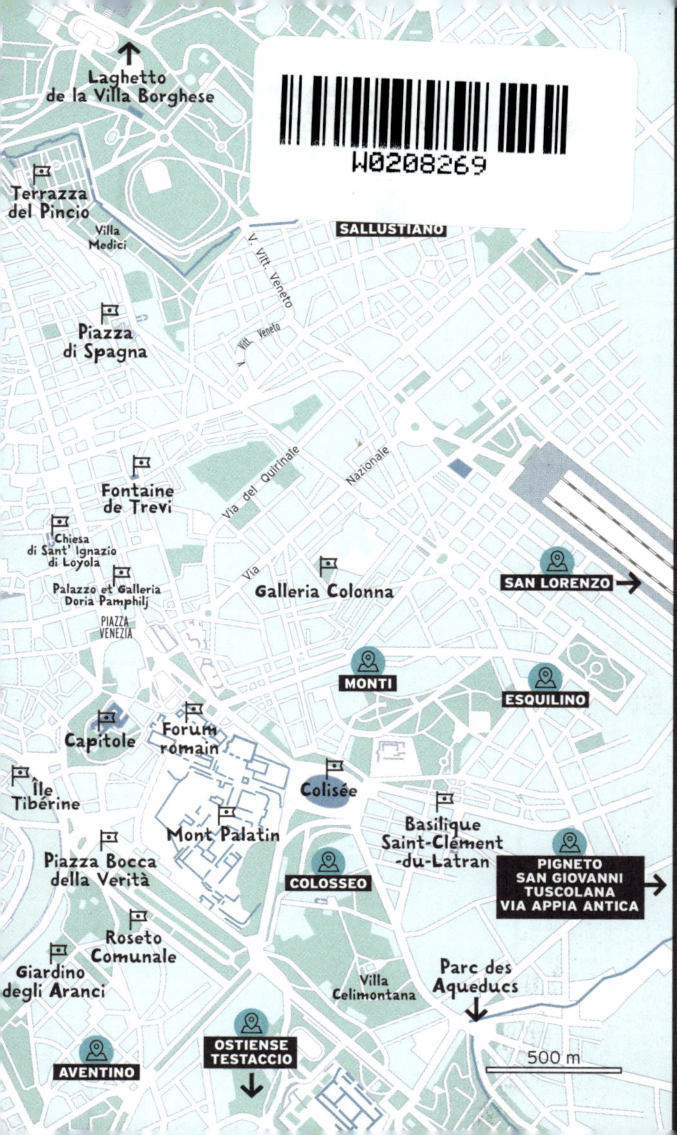
Laghetto de la Villa Borghese
Terrazza del Pincio
Villa Medici
SALLUSTIANO
V. Vitt. Veneto
Piazza di Spagna
Via del Quirinale
Nazionale
Fontaine de Trevi
Chiesa di Sant' Ignazio di Loyola
Palazzo et Galleria Doria Pamphilj
PIAZZA VENEZIA
Galleria Colonna
SAN LORENZO
MONTI
ESQUILINO
Capitole
Forum romain
Colisée
Île Tibérine
Mont Palatin
Basilique Saint-Clément -du-Latran
Piazza Bocca della Verità
COLOSSEO
PIGNETO
SAN GIOVANNI
TUSCOLANA
VIA APPIA ANTICA
Roseto Comunale
Giardino degli Aranci
Villa Celimontana
Parc des Aqueducs
AVENTINO
OSTIENSE TESTACCIO
500 m

QUE DU MEILLEUR ! LES SPOTS PAR QUARTIER

ARDEATINO

SE BALADER

Museo Condominiale di Tor Marancia 14

AVENTINO

SE BALADER

Aventin 18
Giardino degli Aranci 13
Roseto Comunale 15

BORGO

SE BALADER

Château Saint-Ange 10, 17

CASAL BERTONE

SORTIR

Black Qube 66

CENTOCELLE

SORTIR

L'Ombralonga dal « Veneziano » 59

CENTRE HISTORIQUE

SE RÉGALER

Armando al Pantheon 25
Caffe Canova Tadolini 43
Coromandel 44
Dar Filettaro a Santa Barbara 32
Écru 39
Emma 27
Forno Campo de' Fiori 31
Giolitti 47
La Quercia Osteria Monteforte 24
Piccolo Buco 28
Pompi 47
Quinto Gelateria 49
Sant'Eustachio Caffe 44
Supplizio 31

SORTIR

Art Cafè 66
Bar del Fico 74
Club Derrière 69
Il Goccetto 73
Jerry Thomas Speakeasy 69
L'Argot 62
Lian Roma 62
Open Baladin 75
Rooftop Jim's Bar 55
Salotto 42 59
Terrazza Borromini 53
Terrazza dei Cesàri 55
The Gin Corner 71

CHINER

Antica Libreria Cascianelli 80
Bead Shop 85
Cartolibreria del Pantheon 85
Emporio Sant' Eustachio 89
Hollywood tutto sul Cinema 80
Ibiz Roma 83
La Bottega del Marmoraro 84
La Boutique del Limoncello 88
Omero e Cecilia 79
Pastificio Guerra 88
Rome Duck Store 83

SE BALADER

Arco degli Acetari 14
Arco dei Bianchi 13
Bocca della Verità 15
Campo de' Fiori 16, 19

Capitole 18, 19, 95
Chiesa di Sant'Ignazio di Loyola 14
Fontaine de Trevi 16, 19, 92
Galleria Borghese 95
Galleria Colonna 9
Palazzo et Galleria Doria Pamphilj 13
Pantheon 16, 19, 93
Piazza di Spagna 19, 94
Piazza Navona 16, 19, 95
Terrazza del Pincio 16
Villa Borghese 11

COLOSSEO

SORTIR

Coming Out 107
The Court Cocktail Bar 54

SE BALADER

Basilique Saint-Clément du Latran 9
Colisée 18, 19, 92
Forum 18, 93
Palatin 18, 19, 93

COPPEDÈ

SE RÉGALER

Vrindaa 41

ESQUILINO

SE RÉGALER

Hang Zhou 137
Palazzo del Freddo Giovanni Fassi 48
Panella 144
Regoli 145
Sorchetta Doppio Schizzo 147

EUR

SORTIR

Room 26 67

FLAMINIO

SORTIR

Etablino Caffe Due Fontane 57

SE BALADER

Piccola Londra 15

GARBATELLA

SORTIR

Tre de Tutto 59

GHETTO

SE RÉGALER

Il Forno Boccione 49
La Dolceroma 98

SORTIR

Hey Güey 55

CHINER

La Casa di Frida 85
Said 87

SE BALADER

Fontaine aux Tortues 97
Portique d'Octave 97
Théâtre de Marcellus 97

MONTEVERDE

SE BALADER

Villa Doria Pamphilj 8

MONTI

SE RÉGALER

Avocado Bar 37

SORTIR

Ai Tre Scalini 74
Blackmarket Hall 61
Caffe Bohemien 75
Drink Kong 71
Fafiuche 58
Spritzeria Monti 53

CHINER

Pulpvintage 81

OSTIA ANTICA
SE RÉGALER
Belsito Pizzeria 119
SORTIR
Ostia Antica Festival 116
SE BALADER
Cardo et decumanus 115
Foro et Capitolium 118
Necropoli Ostiense 115
Parco Archeologico 115
Piazzale delle Corporazioni 117
Teatro Romano 116
Terme di Nettuno 116
Thermopolium di Diana 118

OSTIENSE
SE RÉGALER
Pangocciolaio 49
Polpetta Gazometro 23
Romeow Cat Bistrot 40
Tuk Tuk Ride 36
SORTIR
Circolo degli Illuminati 65
Maki Surf Tiki Bar 70
Rashomon Club 66
CHINER
Eataly 87

PIETRALATA
SORTIR
Lanificio 159 65

PIGNETO
SE RÉGALER
Accattone 24
Bistrot La Favola 112
Burro Cream&Coffee 111
Dar Ciriola 32
Libreria Tuba 109
Vitaminas24 41
SORTIR
30Formiche 62
CO.SO Cocktail & Social 69
Fanfulla 5/A 65
Magnebevo e sto ar Pigneto 57
Necci dal 1924 73
Punch 113
CHINER
Blu Factory Store 83
Mademoiselle Vintage 80
Radiation Records 79
Utol Ceramica 84
SE BALADER
Ex-Snia (Parco delle Energie) 113
Nero Gallery 111
Rosti 110
Via del Pigneto 109
Via Fanfulla da Lodi 112
Via Fivizzano 110
Via Fortebraccio 112
Via Prenestina 113

PORTUENSE
SE RÉGALER
Dumpling Bar 35

PRATI
SE RÉGALER
Flower Burger 40
Habemus Café & Bistrot 43
Maybu 37
Mondo Arancina 33
Pummare 28
Velavevodetto ai Quiriti 24
SORTIR
Terrazza Les Étoiles 54
CHINER
Castroni 88

PRENESTINO
SORTIR
Largo 63

SALLUSTIANO
SE RÉGALER
Faro 45

SAN GIOVANNI

SE RÉGALER

Franz Burger 35
Pasticceria La Zeppola 48
Veg Joy 39

SORTIR

Blind Pig 70

SAN LORENZO

SE RÉGALER

Pizzeria L'Economica 29

SORTIR

Marmo 63
Passus 58
Pastifico San Lorenzo 58
Wishlist 63

TESTACCIO

SE RÉGALER

Felice a Testaccio 25
Mercato di Testaccio 32
Tram Depot 43

SORTIR

Ketumbar 57
Oasi della Birra - Enoteca Palombi 119

TRASTEVERE

SE RÉGALER

Aromaticus 39
Eggs 23
Jaipur 36
La Gattabuia 28
L'Elementare Trastevere 29
Maritozzo Rosso 101
Osteria della Trippa 25
Seu Pizza Illuminati 27
Supplì-Roma 99
Trapizzino 31

SORTIR

Alcazar Live 61
Bar San Calisto 73
Freni e Frinzioni 71
Jacopa 55
La Punta Expedio de Agave 70
Ma che siete venuti a fa 101
Vanity Club 67

CHINER

Antica Caciara Trasteverina 89
Biscottificio Innocenti 87
Mercato di Porta Portese 79
Trastevere Store 84

SE BALADER

Colline du Janicule 101
Île Tibérine 11, 98
Piazza di Santa Maria in Trastevere 100
Via della Lungaretta 100

TUSCOLANA

SE RÉGALER

Al Solito Porzio 29
Ristorante Ali Baba 35

SE BALADER

Parc des Aqueducs 8

VATICANO

SE BALADER

Basilique Saint-Pierre 9, 17, 19, 94
Chapelle Sixtine 17, 94
Musées du Vatican 17, 94

VIA APPIA ANTICA

SE RÉGALER

Appia Antica Caffe 106
Il Giardino di Giulia e Fratelli 106

SE BALADER

Catacombe di San Callisto 104
Catacombe di San Sebastiano 104
Catacombe di Santa Domitilla 104
Cirque et villa de Maxence 105
Ecobike 103
Église du Domine Quo Vadis 103
Mausolée de Cecilia Metella 105
Villa dei Quintili 107

POURQUOI ♡ ON ADORE ROME

9 EXPÉRIENCES MYTHIQUES

À Rome, il n'y a pas que le Vatican et le Colisée, et la liste des choses à faire et à voir s'allonge à chaque coin de rue ! Lieux insolites, endroits et activités mémorables... Voici quelques expériences qui rendront à coup sûr votre séjour inoubliable.

1 PIQUE-NIQUER DANS LES PLUS BEAUX PARCS
PARC DES AQUEDUCS OU VILLA PAMPHILJ

Rome possède d'immenses espaces verts, alors profitez-en ! Faites-vous préparer un sandwich gourmand dans une épicerie et foncez vers le parc des Aqueducs ou celui de la villa Pamphilj. Avec une vue sur des ruines ou sur une villa du 17e siècle, votre pique-nique sera forcément meilleur !

Parco degli Acquedotti
- Tuscolana
- Via Lemonia
- www.parcodegliacquedotti.it
- @parcodegliacquedottiroma
- Gratuit

Parco Villa Doria Pamphilj
- Monteverde
- Via Vitellia/Via della Nocetta
- www.villadoriapamphilj.it
- #villadoriapamphilj
- Gratuit

2 VOYAGER AU CENTRE DE LA TERRE BASILIQUE SAINT-CLÉMENT-DU-LATRAN

Saviez-vous qu'une partie de la ville antique était encore conservée sous terre ? Dans un dédale à 20 mètres de profondeur, vous découvrirez des édifices antiques, la première église du Moyen Âge, des ruines, des fresques médiévales, des sarcophages et même... un cours d'eau ! Il y a du monde là-dessous !

Colosseo
www.basilicasanclemente.com
10 € (réservation obligatoire)
Piazza di San Clemente
#basilicasanclementeallaterano

3 CONTEMPLER L'HABIT COLORÉ DES GARDES SUISSES BASILIQUE SAINT-PIERRE

Au Vatican, on vient aussi pour eux : les gardes suisses ! Cette armée pontificale, créée au 16e siècle, est notamment célèbre pour l'habit de ses soldats, dont les rayures jaunes, bleues et rouges reprennent les couleurs des blasons des fondateurs d'origine. L'occasion de tester ton allemand LV1 car, comme leur nom l'indique, ils sont bien suisses !

Vaticano
Arco delle Campagne (piazza San Pietro)
Gratuit

4 SE LA JOUER PRINCE OU PRINCESSE DANS UN PALAIS D'ÉPOQUE GALLERIA COLONNA

Prendre la grosse tête en s'imaginant propriétaire d'une somptueuse résidence ? C'est possible au palais Colonna ! Mais c'est surtout la galerie, lieu d'exposition de peintures inestimables, qui nous laisse sans voix. Créée au milieu du 17e siècle, elle affiche une débauche de fresques et de dorures.

Centre historique
www.galleriacolonna.it
Parcours court 15 €, parcours long 25 €
Via della Pilotta, 17 - Piazza Venezia
@galleriacolonna
Ouvert samedi matin

5 VIVRE LA DOLCE VITA EN FIAT 500

On a tous en tête ces mini-voitures qui foncent dans les ruelles de la ville, alors pourquoi ne pas aussi tenter cette expérience ? L'agence Voyage en français propose une super balade dans une Fiat 500 d'époque à la découverte des lieux incontournables (et parfois insolites) de la capitale. Couleur flashy et ambiance vintage pour une aventure 100 % *dolce vita* !

www.voyage-en-francais.fr/rome @voyageenfrancais
À partir de 170 €/voiture, 1h30-3h, 4 personnes max

6 COMPTER LES ÉGLISES... ET LES VISITER !

Les paris sont lancés ! Combien y a-t-il d'églises à Rome ? À mesure que tu découvriras la ville, tu finiras par te poser la question. On t'aide un peu : il y en a environ... 900 ! Premiers musées de la ville, elles sont l'occasion de découvrir gratuitement les plus grands maîtres de l'art Italien. N'hésite pas à pousser leur porte !

Centre historique #chieseromane Gratuit

7 BOIRE UN CAFÉ SUR LA TERRASSE DES PAPES
CHÂTEAU SAINT-ANGE

L'ancien mausolée d'Hadrien, devenu forteresse des papes, réserve bien des surprises : des fresques époustouflantes, des histoires à faire frémir, des belvédères qui permettent de profiter d'une vue sur la ville à 360 degrés et une cafétéria sur la terrasse des papes de l'époque. On n'a pas tous les jours l'occasion de boire son café en admirant la basilique Saint-Pierre...

Borgo
www.castelsantangelo.com
@castelsantangelo
Lungotevere Castello, 50
www.leterrazzecastelsangelo1957.com
Fermé lundi
Entrée 15 € (2 € pour les 18-25 ans), café/cappuccino 2-4 €, bière 4 €

8 LÉZARDER AU SOLEIL SUR LE TIBRE
ÎLE TIBÉRINE

À Rome, faites comme les Romains : allez prendre un bain de soleil sur l'un des meilleurs spots de la ville, la pointe de l'île Tibérine. Elle est accessible toute l'année quand le Tibre est assez bas, mais durant la période estivale, les berges du fleuve se remplissent de bars et de restos pour un farniente un peu plus animé.

Trastevere
#isolatiberina
Isola Tiberina, côté pont Garibaldi
Gratuit

9 UN TOUR EN BARQUE À LA VILLA BORGHÈSE
LAGHETTO DI VILLA BORGHESE

C'est pas Central Park mais quand même ! Le parc de la villa Borghèse, avec ses 80 hectares, est l'un des plus emblématiques de la ville : les Romains viennent s'y promener, contempler la vue depuis le Pincio ou visiter le musée du même nom. Tout le monde ne pousse pas la balade jusqu'au petit lac, mais tu pourras y louer une barque, pour chiller tranquillement.

Centre historique
Viale dell'Aranciera - Villa Borghese
www.facebook.com > Noleggio barche nel « Laghetto di Villa Borghese »
3,50 € les 20 minutes
Ouvert tous les jours

LES MEILLEURS SPOTS INSTAGRAM

Difficile d'imaginer notre vie sans Instagram… Sans poster, on a parfois l'impression de ne pas avoir vraiment voyagé ! Bonne nouvelle : **#ROME** est une ville photogénique et trouver des endroits sympas pour embellir votre feed ne sera pas un problème. Mais si on déniche le lieu parfait, c'est encore mieux ! Suivez le guide.

DES ÉTOILES EN PLEIN JOUR
ARCO DEI BANCHI

Shooting photo version voyage au firmament! Avec son aspect mystérieux, presque ésotérique, ce passage couvert décoré de la voûte céleste ne laissera pas tes followers indifférents. À l'origine, toutes les affaires financières et économiques se déroulaient ici et dans les rues voisines, mais l'ambiance a bien changé.

- Centre historique
- #arcodeibanchi
- Via del Banco di Santo Spirito, 47 - Château Saint-Ange
- Gratuit

SOUS LES ORS D'UN PALAIS
PALAZZO ET GALLERIA DORIA PAMPHILJ

Galerie couverte de miroirs, salle de bal, tableaux du sol au plafond et sculptures à gogo, voici ce qui vous attend dans l'un des plus beaux palais de la ville. Facile d'accès et généralement peu fréquenté, il est l'endroit parfait pour une série de photos en mode monarque en vadrouille.

- Centre historique
- www.doriapamphilj.it
- Entrée 14 € (+ 1 € si réservation)
- Via del Corso, 305 - Piazza Venezia
- @galleriadoriapamphilj

LA PLUS ROMANTIQUE DES TERRASSES
GIARDINO DEGLI ARANCI

À Rome, c'est pas les terrasses qui manquent: Pincio, Gianicolo, autel de la Patrie... Mais la plus romantique de toutes, c'est elle : la terrasse du Giardino degli Aranci. De là, on ne voit pas toute la ville, mais l'atmosphère de ce parc rempli d'orangers a quelque chose de spécial. Et au coucher du soleil, la lumière est idéale pour un selfie!

- Aventino
- #giardinodegliaranci
- Piazza Pietro d'Illiria
- Gratuit

LE MOYEN ÂGE AU COIN DE LA RUE
ARCO DEGLI ACETARI

Si tu parcours les profils Instagram dédiés à Rome, tu le trouveras forcément. Avec ses murs orange décrépis, sa végétation, ses quelques vélos garés çà et là et sa vieille charrette en bois, cette petite cour située à deux pas de Campo de' Fiori a un charme fou ! Sur place, difficile de croire qu'on est au 21e siècle.

- Centre historique
- #arcodegliacetari
- Via del Pellegrino, 19 - Campo de' Fiori
- Gratuit

POUR LES FANS DE STREET ART
MUSEO CONDOMINIALE DI TOR MARANCIA

Non loin de Garbatella, l'un des quartiers les plus authentiques de Rome, vous trouverez un complexe d'immeubles aux façades totalement recouvertes d'œuvres de street art. Ce projet de 2015, appelé Big City Life, a donné un coup d'éclat et de prestige à ce secteur populaire. Une attraction réservée aux passionnés, car sinon la zone est très résidentielle.

- Ardeatino
- #museocondominialetormarancia
- Via di Tor Marancia, 63
- Gratuit

UN SELFIE PLEIN DE SAINTETÉ
CHIESA DI SANT'IGNAZIO DI LOYOLA

Sur le sol de cette église grandiose, un miroir placé sur un trépied vous permettra d'observer le plafond, mais aussi de prendre une superbe photo où la voûte avec saint Ignace apparaîtra derrière vous. Eh oui, les églises aussi sont instagrammables !

- Centre historique
- https://santignazio.gesuiti.it
- Gratuit
- Via del Caravita, 8/a - Pantheon
- #chiesadisantignaziodiloyola
- Ouvert tous les jours

MENTEURS, S'ABSTENIR !
BOCCA DELLA VERITÀ

Si ton credo est de vivre dangereusement, alors tu es au bon endroit. Place ta main dans la Bocca della verità, cette imposante figure barbue sculptée, qui jugera de ton honnêteté : attention, si tu mens, ta paluche sera... tranchée ! C'est en tout cas ce que raconte la légende.

Centre historique
Piazza Bocca della verità, 18 - Basilique Santa Maria in Cosmedin
#boccadellaverità
Gratuit

LONDON CALLING
PICCOLA LONDRA

Un petit coin d'Angleterre en plein milieu du chaos citadin du quartier de Flaminio ? Bienvenue dans la Piccola Londra ! Ces dernières années, les maisons de cette petite rue piétonne aux tons pastel et au style *british* ont fait rappliquer voyageurs et influenceurs en herbe.

Flaminio
Via Bernardo Celentano
#piccolalondra
Gratuit

DES SELFIES SAISONNIERS
ROSETO COMUNALE

De fin avril à mai et au mois d'octobre, selon la floraison, les Romains se précipitent à la roseraie qui se trouve sur les pentes de l'Aventin. Avec ses roses de toutes les couleurs, ses tonnelles fleuries et sa vue sur les ruines du Palatin, elle est le spot parfait pour remplir ta galerie photo.

Aventino
Via di Valle Murcia, 6
#rosetoroma
Gratuit
Ouvert tous les jours de fin avril à mai, puis au mois d'octobre

DEMANDEZ LE PROGRAMME : 3 JOURS OU VISITE EXPRESS 1 JOUR ?

PROGRAMME SUR 3 JOURS

JOUR 1

MATIN : du Pincio à la fontaine de Trevi
Quoi de mieux que de monter sur la plus belle terrasse de la ville pour prendre ses marques ? Coupoles d'églises, pins parasols : autant d'images de carte postale qui vous en mettront déjà plein la vue ! Marchez ensuite jusqu'à la splendide piazza di Spagna, puis allez découvrir l'emblématique fontaine de Trevi, avant une pause bien méritée.

MIDI : casse-croûte à la romaine
Dans un lieu aussi touristique, bien manger demande un peu de recherche. Une des meilleures adresses du coin, c'est l'ancien four à pain, **ANTICO FORNO**, et il n'y a pas plus romain qu'une pizza farcie de mortadelle !

Antico Forno · Centre historique · Via delle Muratte, 8 - Fontana di Trevi
www.facebook.com > L'Antico Forno - Fontana di Trevi
@anticofornotrevi · Pizza farcie 3-6 € · Ouvert tous les jours

APRÈS-MIDI : du Panthéon à la piazza Navona
Après avoir mangé, direction le Panthéon et la piazza Navona, deux des principales attractions du centre historique. Ensuite, faufilez-vous dans le dédale de ruelles à proximité, entrez dans les églises au petit bonheur la chance... Des surprises vous attendent à chaque coin de rue !

SOIR : nuit de folie à Campo de'Fiori
À la tombée de la nuit, l'ambiance bat son plein sur cette place emblématique. Entre les bars et les restos des alentours, elle est le lieu idéal pour une première soirée romaine !

MATIN : la Cité du Vatican

Musées, chapelle Sixtine, basilique Saint-Pierre… au Vatican, on ne sait plus où donner de la tête ! Certains la visitent pour des raisons religieuses, d'autres pour ses œuvres inestimables, mais quoi qu'il en soit, on ne peut pas quitter Rome sans avoir fait un tour dans le plus petit État du monde !

MIDI : déjeuner sur le pouce dans le Borgo

Le quartier du Borgo, près de Saint-Pierre, s'est développé très tôt pour accueillir habitants souhaitant vivre à proximité du lieu et pèlerins. Éloigné des artères touristiques, ce joli quartier offre un vaste choix de restos typiques.

APRÈS-MIDI : les papes, suite et fin

Pour rester avec les papes, pourquoi ne pas faire un tour au château Saint-Ange ? Ancienne tombe devenue forteresse, le lieu regorge d'histoires sordides et sa terrasse permet de profiter d'une vue à 360 degrés.

SOIR : la *dolce vita* à Trastevere

Il suffit de longer le Tibre pour atterrir dans le quartier le plus romain de Rome : Trastevere. Sur place, un large choix de restos et de bars empreints d'authenticité. Ne vous privez pas d'y passer la soirée !

JOUR 3

MATIN : parc archéologique du Colisée
Colisée, Forum, Palatin... Ces noms légendaires font rêver, et c'est bien simple, ces trois sites vont vous couper le souffle ! On n'a pas l'occasion de voir tous les jours la septième merveille du monde moderne...

MIDI : Ghetto
Pour bien manger, il faut s'éloigner. C'est l'excuse parfaite pour découvrir le quartier du Ghetto et tester les spécialités juives romaines, telles que l'artichaut frit !

APRÈS-MIDI : d'une colline à l'autre
Prenez de la hauteur en montant sur l'Aventin, puis sur le Capitole. Ces collines emblématiques réservent de belles surprises. N'oubliez pas de regarder par le trou de la serrure du palais de l'ordre de Malte (palazzo Magistrale) et de choisir votre belvédère préféré !

SOIR : Monti
À deux pas du Colisée, ce petit quartier aux jolies ruelles est réputé pour ses soirées déjantées. Certains bars à vins existent depuis le 19e siècle et la bonne ambiance y est toujours au rendez-vous !

2500 ANS EN 1 JOURNÉE

Visiter Rome, c'est faire un voyage dans le temps. Vous pourriez y rester un mois sans avoir tout vu, mais une journée suffit à feuilleter quelques pages de ce livre d'histoire à ciel ouvert.

MATIN ET MIDI

On commence la journée en beauté avec la visite de sa majesté le Colisée, avant de rejoindre le Capitole en empruntant la via dei Fori imperiali (rue des Forums impériaux). Depuis cette colline, la vue sur le Palatin, où Romulus fonda Rome, et sur le Forum est inoubliable ! On redescend de l'autre côté, vers le centre, pour partir à la découverte des emblématiques fontaine de Trevi et piazza di Spagna, avant de s'octroyer une pause déjeuner sur le pouce.

APRÈS-MIDI ET SOIR

De l'autre côté de la via del Corso, c'est au tour du Panthéon et de la piazza Navona de faire leur show ! Marchez ensuite jusqu'au pont Saint-Ange pour traverser le Tibre, puis rejoignez la basilique Saint-Pierre en gardant son énorme coupole en ligne de mire. Terminez la journée dans l'une des nombreuses trattorias des quartiers de Borgo et de Prati.

ALOOORS...

SE RÉGALER

LE MEILLEUR DE LA TRADITION ROMAINE → 22

PIZZA ROMAINE OU NAPOLITAINE, CHOISISSEZ VOTRE CAMP ! → 26

STREET FOOD VERSION ROMAINE → 30

LE TOUR DU MONDE EN QUELQUES PLATS → 34

NOTRE SÉLECTION VÉGANE → 38

POUR BIEN COMMENCER LA JOURNÉE → 42

PAUSE DOUCEUR → 46

LE MEILLEUR DE LA TRADITION ROMAINE

Le défi est lancé: tester le plus de spécialités en quelques jours ! Voici une sélection de restos pour manger typique et découvrir les préparations emblématiques de la culture romaine: *amatriciana*, carbonara, *cacio e pepe*, boulettes, *saltimbocca*, tripes ou queue de bœuf. Après ça, la cuisine romaine n'aura plus de secrets pour vous !

FUN FACT

LES MENUS NOUS FONT PERDRE LA TÊTE!

Primo, secondo, contorno... Les intitulés sur les menus des restaurants vous laissent perplexe? Pas de panique, il faut juste comprendre le système: les *antipasti* correspondent aux entrées, les premiers plats (*primi piatti*) aux pâtes, les deuxièmes (*secondi piatti*) aux viandes et poissons, et le *contorno* à la garniture.

DE L'ŒUF À TOUTES LES SAUCES!

EGGS

Ce restaurant convivial est dédié à l'œuf, ingrédient de base de la carbonara. Le plus dur sera de choisir entre toutes les versions préparées par la cheffe! Sympa aussi, le *gioco dell'ova* (jeu de l'œuf), un plat où six coquilles vides sont remplies de différentes préparations.

Trastevere
https://eggsroma.com
Entrée 14 €, carbonara 15-18 €
Via Natale del Grande, 52
@eggs_roma

LES BOULETTES DANS TOUS LEURS ÉTATS

POLPETTA GAZOMETRO

Marre des pâtes et des pizzas? Polpetta Gazometro est fait pour toi. La boulette (*polpetta*) est une vraie star locale, et ici, on la décline sous toutes ses formes (à la viande, au poisson et en de nombreuses versions végétariennes) de l'entrée au dessert. Bon appétit!

Ostiense
www.polpetta.it
Entrée 6,50 €, boulettes 12-14 €
Via del Gazometro, 14-18
@polpettaroma_official

LA TRATTORIA D'AUTREFOIS

ACCATTONE

Il faut marcher un peu le long des anciens aqueducs pour aller à la rencontre de ce petit resto tout droit sorti d'un film de Pasolini. La simplicité du lieu et le personnel chaleureux en font une étape incontournable, et entre les pâtes et les beignets de fleur de courgette, vos papilles seront comblées !

Pigneto
Via del Mandrione, 51
@trattoria_accattone
Pâtes 10,50 €, viandes 13 €, dessert 5 €
Fermé dimanche soir et lundi

LE ROI DE LA CARBONARA

VELAVEVODETTO AI QUIRITI

Si le chef Flavio De Maio, surnommé « le roi de la carbonara », porte bien son nom, les autres préparations ne vous décevront pas. Un peu isolé, le spot est une étape sympa pour déguster un plat de pâtes avant de rejoindre le centre pour sortir.

Prati
Piazza dei Quiriti, 4/5 - Vaticano
www.ristorantevelavevodetto.it
@alvelavevodetto
Pâtes 8-12 €, viandes 12-16 €

LA CUISINE ROMAINE REVISITÉE

LA QUERCIA OSTERIA MONTEFORTE

Donnant sur une jolie place, cette adresse au décor soigné vous fera explorer aussi bien de grands classiques, comme la carbonara, que des recettes plus insolites, comme les *fettucine* à la queue de bœuf ou le jarret à la bière. Les prix sont toujours plus élevés dans le centre, mais vous ne le regretterez pas.

Centre historique
Piazza della Quercia, 23 - Campo de'Fiori
www.osterialaquercia.com
@laquerciaosteria
Entrées 12 €, pâtes 14 €, viandes 15-20 €

DES TRIPES, MAIS PAS QUE !

OSTERIA DELLA TRIPPA

Même si les tripes restent la spécialité de l'Osteria della trippa, rassure-toi, on ne te forcera pas ! Avec ses tables en bois style brasserie, cet établissement propose un vaste choix de plats qui te donneront l'eau à la bouche. Carbonara, *amatriciana* et *cacio e pepe* sont toujours de la partie !

Trastevere
Via Goffredo Mameli, 15
www.losteriadellatrippa.it
@losteriadellatrippa
Pâtes 14 €, viandes 14-18 €
Fermé mardi

LES MEILLEURES CACIO E PEPE

FELICE A TESTACCIO

Une lumière tamisée, une salle tout en sobriété et un incroyable parfum qui émane des cuisines ? Oui, tu es bien chez Felice ! Au menu, des spécialités parmi lesquelles les réconfortantes pâtes *cacio e pepe*, agrémentées d'une sauce au pecorino et au poivre.

Testaccio
Via Mastro Giorgio, 29
www.feliceatestaccio.com
@feliceatestaccio
Pâtes 13-16 €, viandes 15-24 €

PLUS ROMAIN, TU MEURS !

ARMANDO AL PANTHEON

Le meilleur de la cuisine romaine en plein centre, c'est possible ! Si les pâtes restent toujours au menu, ici, c'est l'occasion de goûter la *stracciatella* (un bouillon à base d'œufs), la *pajata* (des pâtes préparées avec de l'intestin du veau de lait et de la sauce tomate) ou l'agneau à la romaine. On fonce !

Centre historique
Salita de'Crescenzi, 31 - Pantheon
www.armandoalpantheon.it
@armandoalpantheon
Pâtes 15 €, viandes 16-19 €
Fermé dimanche

PIZZA ROMAINE OU NAPOLITAINE, CHOISISSEZ VOTRE CAMP !

Qu'on l'aime fine et croquante, comme celle de Rome, ou tendre avec un bord épais, comme celle de Naples, une bonne pizza met tout le monde d'accord ! Ces dernières années, l'offre a considérablement explosé et les pizzaiolos rivalisent d'idées, pour notre plus grand bonheur !

UN MÉLANGE GAGNANT

SEU PIZZA ILLUMINATI

Le savant mélange entre traditions romaine et napolitaine rend les pizzas de Pier Daniele Seu extraordinaires ! Avec des produits du terroir, des années d'expérience et beaucoup de passion, cette pizzeria au décor chic et design fera de ta dégustation une véritable expérience.

- Trastevere
- https://urlz.fr/kQ5Q
- Pizzas 9-17 €
- Via Angelo Bargoni, 10/18
- @seupizzailluminati
- Ouvert tous les jours, le soir uniquement (samedi toute la journée)

LA ROMAINE PLEINE D'ÉLÉGANCE

EMMA

Dans des locaux modernes, Emma revisite avec style la pizza romaine. Sa recherche de produits de saison et de petits producteurs permet à ce restaurant de proposer un vaste choix de pizzas, traditionnelles ou plus audacieuses, et d'entrées frites (*fritti*), comme les *supplì* et les beignets de fleur de courgette.

- Centre historique
- www.emmapizzeria.com
- Pizzas 9-15 €, *fritti* 4 €
- Via del Monte della Farina, 28/29 - Campo de' Fiori
- @emma_pizzeria_restaurant

FUN FACT • FUN FACT

VOUS AVEZ DIT MARGHERITA ?

La pizza chouchoute des Italiens aurait été servie par le pizzaiolo Esposito au roi Humbert Ier et à la reine Marguerite de Savoie lors de leur voyage à Naples en 1889, et nommée en l'honneur de cette dernière, qui l'aurait beaucoup appréciée !

UN PEU DE NAPLES À DEUX PAS DU VATICAN

PUMMARE

Située au-dessus du marché du quartier, cette pizzeria offre une véritable oasis de tranquillité loin de la foule du Vatican. L'atmosphère, simple et confortable, est parfaite pour déguster une délicieuse pizza napolitaine préparée dans les règles de l'art. Son immense terrasse est un vrai plus pour manger et lézarder au soleil.

Prati
www.pummare.com
Pizzas 7-13 €
Via Andrea Doria, 41/M - Vaticano
@pummare_

LA CROQUANTE DE TRASTEVERE

LA GATTABUIA

Sur le menu de la Gattabuia, vous trouverez aussi bien des pâtes que des viandes, mais notre coup de cœur va aux pizzas romaines, croquantes à souhait, et servies dans un cadre chaleureux et typique de l'atmosphère du quartier. Tous les ingrédients sont réunis pour vivre la *dolce vita* !

Trastevere
https://lagattabuia.it
Pizzas 11 €
Via del Porto, 1
@la_gattabuia
Ouvert tous les jours, seulement le soir

LA VALEUR SÛRE DU CENTRE HISTORIQUE

PICCOLO BUCO

Dans cet établissement, une salle sobre, avec seulement quelques tables à l'extérieur, mais des pizzas à tomber par terre ! Pâte moelleuse, mozzarella fondante, sauce tomate exquise... L'expérience est unique. Attention, cette petite pizzeria ne prend pas les réservations, il faut donc s'armer de patience pour y entrer.

Centre historique
www.pizzeriapiccolobuco.it
Pizzas 12-17 €, focacce 14 €
Via del Lavatore 91 - Fontana di Trevi
@piccolobucoroma
Fermé lundi

PIZZA ET BIÈRE ARTISANALE

L'ELEMENTARE TRASTEVERE

Située en plein cœur de Trastevere, dans une ancienne serre meublée d'objets vintage, l'Elementare sert des pizzas romaines *scrocchiarelle* (croquantes), des entrées frites (*supplì*) et une belle sélection de bières artisanales, principalement du Latium : le top !

Trastevere | **Via Benedetta, 23**
www.pizzerialelementare.it | **@pizzeriaelementare** | **Pizzas 7-13 €**

L'OUTSIDER

AL SOLITO PORZIO

Située en banlieue de la ville (mais facile d'accès en descendant à Arco di Travertino, métro A), cette immense pizzeria te fera voyager jusqu'à Naples. Au programme, des pizzas classiques, mais aussi des versions plus originales, avec un bord farci de ricotta ou frites.

Tuscolana | **Via Tuscolana, 638 - Arco di Travertino**
www.facebook.com > Al Solito Porzio (Roma)
@alsolitoporzio | **Pizzas 10,50-15 €**

LA RÉFÉRENCE DES ÉTUDIANTS

PIZZERIA L'ECONOMICA

Fine, croquante, légèrement brûlée sur les bords selon la tradition romaine, la pizza de cet établissement, cuite dans un four au feu de bois, fait encore des merveilles après des années d'activité. Ses prix imbattables en font l'adresse incontournable des étudiants.

San Lorenzo | **Via Tiburtina, 44**
www.facebook.com > Pizzeria L'economica | **@pizzerialeconomica**
Pizzas 6,50-9 € | **Ouvert tous les jours, le soir uniquement**

STREET FOOD VERSION ROMAINE

On ne pense pas forcément à Rome quand on parle de street food, et pourtant ! Ici, combler les petits creux est presque un devoir national. Voici une petite sélection de spécialités italiennes à emporter, pour une pause déjeuner à prix mini ou pour recharger les batteries entre deux visites.

UN HOMMAGE AUX SUPPLÌ

SUPPLIZIO

Quelques mètres carrés suffisent pour atteindre le paradis ! C'est ce que prouve ce mini resto du chef Arcangelo Dandini, qui rend un véritable hommage au *supplì*. Un lieu à la bonne franquette pour découvrir cet incontournable de la cuisine romaine, mais aussi des boulettes d'aubergines et plein d'autres bonnes choses.

Centre historique
Via dei Banchi Vecchi, 143 - Campo de'Fiori
www.supplizioroma.it
@supplizioroma
***Supplì* 3 €, portion boulettes d'aubergines 5 €**
Fermé dimanche

LA PIZZA : ON COUPE ET ON EMPORTE !

FORNO CAMPO DE' FIORI

Pour leur pause déj', les Français ont le jambon-beurre, et les Italiens, la *pizza al taglio*, que l'on coupe et que l'on paie au poids. Chez Forno, la simplicité est le mot d'ordre: pizzas margherita, pommes de terre au romarin, fleurs de courgette et anchois, et... c'est tout !

Centre historique
Piazza Campo de'Fiori, 22 - Campo de'Fiori
www.fornocampodefiori.com
@fornocampodefiori
Au poids (en moyenne 3-7 €)
Fermé dimanche

À LA DÉCOUVERTE DU TRAPIZZINO

TRAPIZZINO

Depuis quelque temps, le *trapizzino*, un classique de la street food romaine, est revenu à la mode. Ce triangle de pâte à pizza est farci avec des ingrédients locaux: boulettes de viande, fromage, anchois, légumes... Au menu, des recettes classiques ou des innovations du jour, à déguster sur place ou à emporter, pour déambuler dans Trastevere.

Trastevere
Piazza Trilussa, 46
www.trapizzino.it
@trapizzino
***Trapizzino* 5 €, *supplì* 2 €**
Fermé dimanche-lundi

UN TOUR AU MARCHÉ : CHOISISSEZ, PAYEZ, DÉGUSTEZ !

MERCATO DI TESTACCIO

Pour s'imprégner d'un endroit, il faut tester son marché. Situé dans l'un des quartiers les plus authentiques de la ville, celui de Testaccio est l'endroit idéal pour découvrir des spécialités locales et goûter des produits de saison. De la street food traditionnelle à des propositions plus élaborées, vous n'aurez que l'embarras du choix !

Testaccio
Via Lorenzo Ghiberti
www.mercatoditestaccio.it
@mercatoditestaccio
5-25 € selon les stands
Fermé dimanche

UN SANDWICH COMME ON N'EN FAIT PLUS

DAR CIRIOLA

C'est un des rares endroits où tu peux encore goûter des *ciriole*, des sandwichs typiques du Latium. Ces petites miches de pain sont fourrées avec des ingrédients de la région: *porchetta*, boulette de viande, poulet, légumes ou fromage. Tu trouveras aussi trois versions végétariennes tout aussi savoureuses.

Pigneto
Via Pausania, 2a
www.darciriola.it
@darciriola
***Ciriole* 4,50-6 €**

FISH AND CHIPS SANS CHIPS

DAR FILETTARO A SANTA BARBARA

Tu sens cette délicieuse odeur ? C'est celle des beignets de morue, incontournables pour les Romains. Ceux de cet établissement sont exquis, mais pour prendre le temps de les déguster, mieux vaut les emporter, car le service est un peu expéditif.

Centre historique
Largo dei Librari, 88 - Campo de'Fiori
www.facebook.com > Dar filettaro a Santa Barbara
Beignet de morue 7 €
Fermé dimanche, ouvert 17h-22h30 les autres jours

FUN FACT

SUPPLÌ OU ARANCINO ?

Régions différentes (l'un est romain, l'autre est sicilien), recettes différentes, tout (ou presque !) les sépare, mais ces petites boulettes de riz fourrées de mozzarella sont à consommer sans modération !

UN PEU DE SICILE DANS SON ASSIETTE

MONDO ARANCINA

Ici, la Sicile est à l'honneur avec l'*arancina*, une boulette de riz frite, généralement farcie d'un ragoût de viande, mais qui se décline en différentes versions, à l'encre de seiche ou aux aubergines ! Vous y trouverez aussi des *panelle*, de délicieuses petites galettes de pois chiche.

Prati
Via Marcantonio Colonna, 38/40 - Vaticano
www.mondoarancina.com
@mondoarancina
***Arancina* 3 €, *panelle* 2,50 €**

LE TOUR DU MONDE EN QUELQUES PLATS

Rome reste une grande capitale, où bien manger à petit prix n'est pas toujours facile. Les restaurants exotiques sont souvent un peu plus économiques. Si vous avez un budget réduit, ou si vous voulez simplement changer de la cuisine italienne, voici une sélection de bonnes adresses pour faire le tour du monde sans casser votre tirelire.

DES RAVIOLIS COMME S'IL EN PLEUVAIT

DUMPLING BAR

Servis dans un cadre simple ou en terrasse, les raviolis du Dumpling Bar vous feront voyager directement en Chine ! Que vous les aimiez à la vapeur ou grillés, à la viande, aux légumes ou aux crevettes, vous trouverez forcément votre bonheur. Une véritable déclaration d'amour à la cuisine chinoise.

Portuense
Piazza Antonio Meucci 1A
www.dumplingbar.it
@dumplingbarroma
Entrée 5,50 €, raviolis 6 €
Fermé lundi

LE MEILLEUR KEBAB DE LA VILLE

RISTORANTE ALI BABA

Quelle que soit l'heure de la journée, ce resto syrien est toujours plein à craquer pour déguster le *shawarma*, la version locale du kebab. Au bœuf ou au poulet, accompagné ou non de falafels, on peut le commander à emporter ou le savourer sur place, dans un décor digne des *Mille et une nuits*.

Tuscolana
Via dell'arco di Travertino, 27
www.facebook.com>Ali Baba Ristorante Bar
@alibaba_arco_di_travertino
Falafels 3,50 € ; kebab petit 4 €, moyen 6 €, grand 8,50 €

LE HAMBURGER RÉTRO

FRANZ BURGER

Dans une ambiance rétro, Franz Burger propose un vaste choix de sandwichs. Ici, tu choisis tout : la viande (bœuf, poulet ou porc, mais il y a aussi une version végane), le type de pain et les ingrédients, pour une dégustation personnalisée. Et si tu as encore un peu de place, le cheesecake est dément !

San Giovanni
Via la Spezia, 127/A
www.franzburger.it
@franzburgerroma
Hamburger 8-12 €, dessert 5,50 €

TOUTES LES SAVEURS DU NORD DE L'INDE

JAIPUR

Curry de poulet, de poisson, *naan*, *roti*, tandoori ou recettes végétariennes, le Jaipur propose le meilleur de la cuisine indienne. Le plus dur sera donc de choisir, et les indécis pourront opter pour le menu dégustation. Sa déco traditionnelle et la qualité de sa cuisine vous feront quitter Rome l'espace d'une soirée !

Trastevere
Via San Francesco a Ripa, 56
www.ristorantejaipur.com
Entrée 3 €, plats curry ou tandoori 9-12 €, naan 2 €

UN ALLER-RETOUR POUR BANGKOK

TUK TUK RIDE

Avis aux amateurs de saveurs aigres-douces: à mi-chemin entre style industriel et Bollywood, cette petite adresse nous emmène tout droit en Thaïlande. Des *phat thaï* à toutes les sauces, du riz frit, de délicieuses côtes de porc cuites à basse température, des plats végétariens, des recettes peu ou très épicées, tout le monde y trouve son compte.

Ostiense
Via Giovannipoli, 125 - San Paolo fuori le Mura
www.tuktukride.it
@tuktukried_roma
Entrée 8 €, plat 15 €

RESTO CHINOIS TRADITIONNEL

HANG ZHOU

Bienvenue chez Sonia! Cette propriétaire pétillante vous régalera de plats typiques de la cuisine chinoise. Les grands classiques (*noodles*, bœuf sauté, poulet sauce aigre-douce ou aux amandes...) sont servis dans une atmosphère détendue et sans prétention. Un conseil: testez les raviolis à la vapeur, au porc ou aux légumes; ils sont fabuleux!

Esquilino
Via Bixio, 55
www.facebook.com > Hang Zhou da Sonia - Sede Unica
@soniahangzhou
Raviolis 5 €, plat 6-9 €

BURRITOS ET MARGARITAS

MAYBU

Avec son décor exotique, ce joli resto tex-mex fera swinguer tes papilles. Au programme, burritos et tacos à composer soi-même, en choisissant sa viande (ou la version végane), sa garniture et sa sauce (guacamole, ultra piquante...). Et si l'envie t'en prend, tu pourras même siroter une frozen margarita!

Prati
Via Candia, 113 - Vaticano
www.maybu.it
@maybuitalia
Ouvert tous les jours
Burrito moyen 7 €, grand 9 € ; 3 tacos 7 € ; 4 tacos 9 €

L'AVOCAT EN VEDETTE

AVOCADO BAR

Voici une proposition culinaire bien différente des bars et restaurants que l'on trouve habituellement dans le quartier Monti. Vous l'aurez compris, ici, la star, c'est l'avocat! Tartare, toast ou poké, l'Avocado Bar propose un menu unique et rafraîchissant dans l'un des lieux les plus dynamiques de la capitale.

Monti
Via della Madonna dei Monti, 103
www.avocadobarroma.it
@avocado.bar
Salade 12 €, toast 11 €, poké 12 €

NOTRE SÉLECTION VÉGANE

Les légumes et les légumes secs ont toujours été très utilisés dans la cuisine romaine, mais depuis quelques années, un certain nombre de restos ont décidé de se consacrer exclusivement à la cuisine végane... et ils rivalisent d'originalité !

RAW FOOD EXTRA FRAÎCHE

ÉCRU

Du petit déjeuner au dîner, ce petit bistrot au décor simple et élégant te régalera avec sa *raw food* (une cuisine où la température de cuisson ne dépasse pas les 40 °C). La fraîcheur des ingrédients et le brio du chef contribuent à la création de plats savoureux totalement végans.

Centre historique
Via Acciaioli, 13 - Piazza Navona
www.ecrurawfood.it
@ecruroma
Fermé mardi-mercredi
Velouté 10 €, sandwich 9 €, plat principal 13-16 €

ENTRE ITALIE ET ORIENT

VEG JOY

Le Veg Joy porte bien son nom: dans cet établissement, bonne humeur et passion sont au rendez-vous! Pas étonnant que la cuisine soit fameuse. Des recettes italiennes à celles plus orientales, on a envie de tout tester. Pour les gourmands, laissez-vous une petite place pour le dessert!

San Giovanni
Via Vasto, 4A
www.facebook.com > VEG Joy
@vegjoy
Entrée 8 €, plat 10-15 €
Fermé dimanche

HEALTHY FOOD EN PLEIN TRASTEVERE

AROMATICUS

Avec ses plantes, ses quelques murs de couleur verte et ses meubles en bois clair, c'est tout en douceur qu'Aromaticus vous accueille pour vous faire découvrir sa cuisine. Des ingrédients de premier choix et beaucoup de fantaisie pour des plats sains et raffinés: cette enseigne a tout bon.

Trastevere
Via Natale del Grande, 7
www.facebook.com > ArOmAticUs (Trastevere)
@aromaticus_
Entrée 10-14 €, plat 15 €, dessert 6 €
Fermé lundi

DE LA COULEUR DANS TON BURGER

FLOWER BURGER

Ce n'est pas parce qu'on est végan qu'on doit renoncer à un bon hamburger. Ici, les sept versions proposées (de pois chiche, de lentilles, d'orge ou de haricots) et leurs pains de toutes les couleurs donneront un vrai coup de peps à ta journée. Servis avec des frites maison dans une caisse en bois style campagne, ils t'en mettront plein la vue !

Prati
Via dei Gracchi, 87
www.flowerburger.it
@flower_burger
Hamburger 8-12 €

DES SAVEURS ET… DES CHATS !

ROMEOW CAT BISTROT

Jack fruit au curry, risotto, tofu, fromages végétaux, pâtes : les recettes de ce joli bistrot du quartier d'Ostiense mêlent Orient et Occident, pour le bonheur de nos papilles. Bonus : comme son nom l'indique, cet endroit relax est habité par six chats, pour un moment tout en douceur.

Ostiense
Via Francesco Negri, 15
www.romeowcatbistrot.com
@romeowcatbistrot
Entrée 9-12 €, plat 15 €
Fermé lundi

VÉGAN CHIC ET CUISINE AYURVÉDIQUE

VRINDAA

Plus qu'un dîner, le Vrindaa offre une véritable expérience culinaire. Dans ce magnifique restaurant aux teintes bleues et or, l'attention accordée au décor se retrouve aussi en cuisine. Raffinés et originaux, les plats végans, comme les spaghetti ayurvédiques, la spécialité du chef, te surprendront à coup sûr !

Coppedè
Via Salaria, 203
https://vrindaa.it
@vrindaa.it
Entrée 10 €, plat 15-18 €

DES VITAMINES À GOGO

VITAMINAS24

Dans cette adresse située en plein cœur du Pigneto, tu pourras recharger tes batteries dans un décor hyper relax ou carrément au soleil, en terrasse. Si les veloutés sont la spécialité, le menu propose plein d'autres options, des pâtes aux salades en passant par des desserts de toutes les formes et de toutes les couleurs. Le plein de vitamines est garanti !

Pigneto
Via Giovanni De Agostini, 41/45
www.facebook.com > Vitaminas24
@vitaminas24
Salade 9 €, plat 10-13 €
Fermé lundi

FUN FACT

L'ARTICHAUT À LA JUIVE, STAR DE LA CUISINE ROMAINE !

Si la carbonara est désormais plus célèbre que le Colisée, la vraie star de la cuisine romaine, c'est l'artichaut à la juive. Frit, croquant à l'extérieur et fondant à l'intérieur, c'est l'un des plats les plus typiques que vous pourrez goûter.

POUR BIEN COMMENCER LA JOURNÉE

Autant vous le dire tout de suite, Rome n'est pas la patrie du brunch ! Malgré cela, la ville offre la possibilité de savourer de très bons petits déjeuners, placés sous le signe de l'authenticité. Voici une sélection d'adresses pour commencer la journée tout en douceur avec quelques spécialités.

UN CAFÉ-MUSÉE

CAFFE CANOVA TADOLINI

Des générations de sculpteurs sont passées dans cet ancien atelier reconverti en café, et les modèles en plâtre de leurs œuvres sont toujours là ! L'endroit, insolite, vaut le détour, et vous apprécierez de boire un café ou une orange pressée en savourant un croissant (*cornetto*).

Centre historique
Via del Babuino 150 A/B - Piazza del Popolo
www.canovatadolini.com @canova.tadolini
Café 1,10 €, cappuccino 1,50 €, viennoiserie 1,50-3 €

LE SPOT BRANCHÉ DU VATICAN

HABEMUS CAFÉ & BISTROT

Son décor coloré et sa jolie terrasse en font une bonne adresse pour prendre un petit déjeuner sous le signe de la bonne humeur, en version italienne (café, cappuccino crémeux, *cornetto*) ou américaine (œufs brouillés, bacon, pancakes). Bon appétit !

Prati **Via Tolemaide, 14 - Vaticano**
www.facebook.com > Habemus Café & Bistrot @habemus_cafe_bistrot
Café 2 €, viennoiserie 2,50 €, *american breakfast* 13 € Fermé dimanche

DES CROISSANTS ET DES BEIGNETS

TRAM DEPOT

Tu ne rêves pas, c'est bien un tram que tu as sous les yeux ! Dans ce lieu convivial et super relax avec ses balancelles, tu pourras déguster des croissants fourrés aux multiples saveurs (crème, chocolat, pistache, confiture) ou des beignets (*ciambelle*) accompagnés d'une boisson de ton choix.

Testaccio **Via Marmorata, 13**
www.facebook.com > TRAM DEPOT @tramdepot_
Expresso 1 €, cappuccino 1,50 €, viennoiserie 1,20 €, tarte 3,50 €

PANCAKES ET AUTRES DÉLICES

COROMANDEL

Avec sa salle dans le style d'*Alice au pays des merveilles*, cet endroit est idéal pour déguster un petit déjeuner classique ou un bon brunch. Croissants, œufs brouillés, omelettes, toasts, plats du jour… Coromandel propose un vaste choix, mais ce sont surtout les pancakes qui ont rendu ce lieu célèbre : ne passez pas à côté !

Centre historique
Via di Monte Giordano, 60 - Piazza Navona
www.coromandel.it
@coromandelroma
Viennoiserie 3 €, omelette 6 €, bagel 8 €

EXPRESSO, CAPPUCCINO OU MACCHIATO

SANT'EUSTACHIO CAFFE

Il suffit d'observer le va-et-vient dans Sant'Eustachio pour comprendre qu'il est LE café par excellence ! Expresso, cappuccino, café au verre, macchiato, café au lait ou granité, tu n'auras que l'embarras du choix. Les *cornetti* (croissants farcis) et les *aragostine* (petits cornets de pâte feuilletée fourrés de crème ou de Nutella) sont aussi de la partie.

Centre historique
Piazza Sant'Eustachio, 82 - Panthéon
www.caffesanteustachio.com
@santeustachioilcaffe
Café 1,50 €, cappuccino 4 €, viennoiserie 2,50 €

LE CAFÉ AU SABAYON : UN BON COUP DE PEPS !

PANELLA

Avec ses étagères remplies de pains, de viennoiseries et de gâteaux de toutes les couleurs, cette boulangerie te laissera sans voix ! Mais sa vraie spécialité, c'est le café au sabayon (une préparation à base de jaunes d'œufs) : l'occasion pour toi de tester une boisson typique que l'on trouve de moins en moins.

Esquilino
Via Merulana, 54
https://panellaroma.com
@panellalartedelpane
Café 2 €, cappuccino 3,50 €, viennoiserie 3 €

LE MARITOZZO AVANT TOUT !

REGOLI

Pour t'imprégner du mode de vie romain, tu dois absolument goûter au *maritozzo*, un petit pain au lait fourré de crème fouettée qui fait déplacer les foules chez Regoli. Ajoute à cela un bon cappuccino et ta journée aura une tout autre saveur! Sur place, tu trouveras aussi un vaste choix de pâtisseries.

Esquilino
Via dello Statuto, 60
www.pasticceriaregoli.com
@maritozzoday
***Maritozzo* 2,50 €**
Fermé mardi

LE ROI DU BRUNCH

FARO

Faro a dédié une partie de sa carte à la boisson préférée des Italiens: le café! Il accompagne à merveille le délicieux brunch servi dans un espace chaleureux et convivial, mais aussi les toasts, les œufs, les focaccias, et surtout les desserts, qui varient quotidiennement.

Sallustiano
Via Piave, 55
www.farorome.com
@farorome
Cappuccino 2,50 €, toast 9 €

FUN FACT

LES ROMAINS, ROIS DU COMPTOIR

Vous ne verrez jamais un Romain lézarder en terrasse en buvant un café. Pourquoi? Parce que pour un service à table, les prix sont plus élevés. De ce fait, les cafés se prennent au comptoir!

PAUSE DOUCEUR

À Rome, les gourmands seront aux anges !
La ville regorge de petits plaisirs sucrés qui raviront vos papilles. Et si l'Italie est surtout connue pour ses glaces (qui ont une tout autre forme que la fameuse glace à l'italienne vendue à l'étranger), vous verrez que ce n'est pas sa seule spécialité !

UN INIMITABLE TIRAMISU

POMPI

Si le tiramisu, dessert italien par excellence, se rencontre en dehors des frontières de l'Italie, le manger à deux pas de la fontaine de Trevi est forcément mieux ! Dans ce bar qui en est devenu le grand spécialiste, vous pourrez tester la version classique ou ses variantes, à consommer sur place ou à emporter.

Centre historique
Via di Santa Maria in via, 17 - Fontana di Trevi
https://barpompi.it
@pompi1960
Tiramisu portion individuelle 5 €

GLACIER MYTHIQUE

GIOLITTI

La file d'attente parle d'elle-même. Plus d'un siècle après son ouverture, Giolitti est toujours là ! Chez ce glacier mythique, vous trouverez un nombre incalculable de parfums à savourer dans des cornets de petite, moyenne ou grande taille. Les plus gourmands les couronneront de *panna*, de la crème fouettée maison qu'on ne peut que conseiller !

Centre historique
Via uffici del Vicario, 40 - Panthéon
www.giolitti.it
@giolittiofficial
Glace 3-5 €

UNE BRIOCHE POUR LES NOCTAMBULES

SORCHETTA DOPPIO SCHIZZO

Un petit creux après avoir dansé jusqu'au bout de la nuit ? Voici l'adresse qu'il te faut ! Depuis 1983 (les lieux n'ont pas beaucoup changé depuis), Antonio nourrit les noctambules avec de la *sorchetta*, une tendre brioche recouverte de crème fouettée et de chocolat (*doppio schizzo*). Ici, aucune soirée ne finit sans elle !

Esquilino
Via Cernaia, 47 - Termini
@sorchettaro
***Sorchetta* 2 €**
Fermé dimanche, ouvert 22h-6h

UN BON BEIGNET ET ÇA REPART !

PASTICCERIA LA ZEPPOLA

Avec son aspect moderne et son personnel chaleureux, cette pâtisserie est devenue un incontournable du quartier. Sa spécialité : la *zeppola*, une sorte de beignet farci de crème pâtissière. Le plus dur sera de choisir entre la version classique (crème et cerise noire) et d'autres plus innovantes (chocolat, noisette ou citron).

San Giovanni
Piazza Lodi, 7
https://la-zeppola.com
@la_zeppola
Classique 2 €, spéciale 2,50 €
Fermé lundi

LES SAMPIETRINI, HOMMAGE AUX PAVÉS DE ROME

PALAZZO DEL FREDDO GIOVANNI FASSI

On ne peut que recommander les glaces de Fassi, surtout avec une bonne dose de crème fouettée (*panna*) par-dessus ! Mais goûtez aussi ses fameux *sanpietrini* (pavés) fourrés à plusieurs parfums et enrobés de chocolat : de délicieux petits cubes glacés créés pour rendre hommage aux ruelles de Rome.

Esquilino
Via Principe Eugenio, 65
www.gelateriafassi.com
@fassi_1880
***Sanpietrino* 0,60 € l'unité, glace 2-3 €**

DES FRULLATI RAFRAÎCHISSANTS

QUINTO GELATERIA

Imagine que c'est l'été et que tu déambules sous 35 °C. C'est le moment de chercher Quinto, un glacier d'à peine quelques mètres carrés derrière la piazza Navona. Au programme, des glaces, certes, mais surtout de très rafraîchissants *frullati*, des fruits frais mixés avec du lait et un peu de glace pilée. Le top pour oublier la chaleur.

Centre historique **Via di Tor Millina, 15 - Piazza Navona**
www.italiaquintogel.it **@quinto_gelateria** ***Frullato* 4-6 €**

UNE PÂTISSERIE JUDÉO-ROMAINE

IL FORNO BOCCIONE

Tu te demandes ce que tu fais devant ce magasin au mur décrépi et dépourvu d'enseigne ? Ne te fie pas aux apparences, cette pâtisserie est un vrai morceau d'histoire ! Biscuits en tout genre, brioches aux fruits secs ou tartes ricotta-griotte t'offriront un concentré de saveurs méditerranéennes et orientales dès la première bouchée.

Ghetto **Via del Portico d'Ottavia, 1**
www.facebook.com > BOCCIONE l'antico forno
Biscuit 1-1,50 €, *crostata* 15-20 €/kg
Fermé samedi ; vendredi ouvert jusqu'à 15h seulement

DES PANGOCCIOLI À GARNIR

PANGOCCIOLAIO

Les *pangoccioli* sont la spécialité de cette pâtisserie nocturne. Et vous pourrez garnir cette petite brioche toute moelleuse avec les ingrédients de votre choix : Nutella, confiture, ricotta, crème à la noisette, à la pistache ou fouettée (*panna*). Un vaste choix d'ingrédients pour une pause réconfortante à la tombée de la nuit.

Ostiense **Via dei Magazzini generali, 15**
www.ilpangocciolaio.it **@ilpangocciolaio**
***Pangoccioli* 1,50 €, garniture 1 €** **Fermé dimanche et lundi ; ouvert 19h-5h**

SORTIR

DES ROOFTOPS ET TERRASSES À LA PELLE → 52

QUI DIT ITALIE DIT APERITIVO ! → 56

MUSIQUE LIVE → 60

LES BOÎTES LES PLUS COOL → 64

DES COCKTAILS EN VEUX-TU EN VOILÀ → 68

SE LA COULER DOUCE DANS LES BARS → 72

DES ROOFTOPS ET TERRASSES À LA PELLE

Si l'Italie reste le pays des terrasses, la mode des rooftops ne s'est développée que très récemment. Le rapport qualité-prix n'est pas toujours bon et il faut presque toujours réserver, mais la vue et le cadre font vite oublier l'addition un peu salée. Voici quelques endroits qui vont t'en mettre plein les yeux !

LE PLUS SCÉNOGRAPHIQUE

TERRAZZA BORROMINI

C'est de loin l'une des plus belles terrasses de la ville. Le service n'est pas toujours impeccable et les cocktails sont un peu chers, mais la beauté du lieu, accolé au clocher de l'église, laisse sans voix. Boire un verre en admirant la piazza Navona vue du ciel, au coucher du soleil, n'est pas donné à tout le monde.

Centre historique — Via di Santa Maria dell'Anima, 30 - Piazza Navona
https://terrazzaborromini.com — @terrazzaborromini — Cocktail 20€

DES SPRITZ UN PEU... PERCHÉS !

SPRITZERIA MONTI

Les toits de Rome, une ambiance relax et des spritz à toutes les sauces, c'est ce que te propose ce joli bar perché sur les toits du quartier de Monti. Du plus amer au plus sucré en passant par une version à la mandarine ou au cédrat, ce cocktail emblématique de la *dolce vita* italienne n'en finit pas de se réinventer.

Monti — Via dei Serpenti, 108
https://urlz.fr/kQ3k — @spritzeria.monti — Cocktail 8-15€

FUN FACT

LE SPRITZ,

QU'EST-CE QUE C'EST ?

Même s'il envahit toutes les tables de Rome à l'heure de l'apéro, le spritz est vénitien. Au 19e siècle, les Autrichiens aspergeaient (*spritzen*) d'eau les vins trop forts du nord de l'Italie : le spritz était né ! Il deviendra plus tard un véritable cocktail fait de vin blanc pétillant, d'un amer (souvent de l'Aperol ou du Campari) et d'eau de Seltz.

VUE IMPRENABLE SUR LE COLISÉE
THE COURT COCKTAIL BAR

Un brin d'élégance est de rigueur pour entrer dans ce bar à deux pas du Colisée, mais on se plie bien volontiers à cette exigence. Située au rez-de-chaussée, la terrasse fait face à l'un des monuments les plus incontournables de la ville. De bons cocktails, un endroit distingué et une vue à tomber à la renverse, qui dit mieux ?

Colosseo
Via Labicana, 125
https://urlz.fr/kVz1
@thecourtrome
Cocktail 25 €

LE VATICAN À TES PIEDS
TERRAZZA LES ÉTOILES

Plus qu'un rooftop, c'est un jardin suspendu que propose la terrasse des Étoiles. Élégant mais très confortable, le lieu permet de déguster un cocktail ou un bon verre de vin en ayant l'impression de pouvoir toucher du doigt la basilique Saint-Pierre. Une vue à 360 degrés sur la ville pour une soirée inoubliable !

Prati
Via dei Bastioni, 1 - Vaticano
https://urlz.fr/kQ3n
@terrazzalesetoiles
Cocktail 20 €, *aperitivo* 40 € (boisson incluse)

ROME VUE DU CIEL

ROOFTOP JIM'S BAR

Au dernier étage d'un hôtel de luxe, ce rooftop à l'ambiance détendue est situé en plein centre de la ville. Vous contemplerez le panorama en dégustant des cocktails classiques ou inspirés des années 20. Les prix ne sont pas donnés, mais le coucher de soleil vaut le détour.

Centre historique
Via Alessandro Specchi, 10 - Pantheon
https://urlz.fr/kQ6c
@singerpalacehotel
Cocktail 20 €

TRINQUER SUR LES TOITS DE TRASTEVERE

JACOPA

Depuis cette terrasse, pas de vue sur des monuments incontournables, mais on est aux premières loges pour admirer les toits de Trastevere et les campaniles des églises du quartier. Un rooftop à la bonne franquette, pour un cocktail ou un apéro en toute simplicité.

Trastevere
Via Jacopa De' Settesoli, 7
www.jacopa.it
@jacopa.it
Cocktail 10-12 €
Fermé dimanche et lundi

LE PLUS ROMANTIQUE

TERRAZZA DEI CESÀRI

Au dernier étage de l'un des plus anciens hôtels de la ville, ce petit bijou, aménagé de canapés, de tables en bois clair et de gigantesques parasols, est un lieu hors du temps. On y sirote de délicieux cocktails jusqu'à la tombée de la nuit, loin du chaos de la ville. Rien de mieux pour terminer la journée !

Centre historique
Via di Pietra, 89/A
https://urlz.fr/kVz6
@9_hotelcesari
Cocktail 16 €, verre de vin 10 €

JUSTE POUR LA BELLE SAISON

HEY GÜEY

Ouvert seulement de mai au début de l'automne, ce rooftop d'inspiration mexicaine est idéal pour les longues soirées d'été. Ambiance colorée, cocktails exotiques, food truck mexicain: tu seras d'emblée catapulté à Acapulco ! Bonus: une vue inoubliable sur le centre d'un côté et sur le Trastevere de l'autre. On n'en demande pas plus !

Ghetto
Via di Santa Maria De' Calderari, 47
https://urlz.fr/kTyU
@chapterroma
Cocktail 12-16 €,
amuse-bouches 7-10 €

QUI DIT ITALIE DIT APERITIVO !

Oubliez les chips et les quelques olives pour l'apéro: en Italie, l'*aperitivo*, servi au buffet ou au plat, sous forme de planches ou de mets plus élaborés, est devenu un véritable art de vivre! Vous trouverez dans ce chapitre une sélection d'endroits où vous adorerez terminer la journée en beauté.

L'APÉRO RÉTRO

ETABLINO CAFFE DUE FONTANE

Etablino t'accueille à bras ouverts dans un décor rétro aux vieilles tables en bois. Que tu boives un bon verre de vin près de la cheminée ou un cocktail rafraîchissant en terrasse, tu y passeras un bon moment été comme hiver. Pour les accompagner, on partage charcuterie, fromage et amuse-bouches, pour une vraie pause relax.

Flaminio
Piazza Perin del Vaga, 13
www.etablino.com
@etablinoroma
Planche de charcuterie 10 €, amuse-bouches 4 €, boisson 6-10 €
Ouvert tous les jours

SAVEURS DU SUD

MAGNEBEVO E STO AR PIGNETO

Des spritz super fantaisistes, à tester absolument, et des cocktails créatifs, voici ce que propose avant tout ce joli bar coloré, où l'ambiance ne manque pas ! Tartes salées, charcuterie, fromage, petits soufflés et tartines sont aussi de la partie, pour faire le plein de saveurs du Sud.

Pigneto
Via Macerata, 3-5
www.magnebevo.org
@magnebevo_pigneto
Planche de charcuterie + boisson 10 €

UN BUFFET SOUS UNE COLLINE D'AMPHORES

KETUMBAR

Te voilà sous le Monte dei Cocci, une colline artificielle faite de tessons de... 53 millions d'amphores antiques, encore visibles du bar ! Un lieu unique pour un apéro d'exception et totalement bio. Le gigantesque buffet (ricotta, velouté de légumes, couscous, *focacce* maison...) et le vaste choix de cocktails et de bières artisanales n'attendent que toi.

Testaccio
Via Galvani, 24
www.ketumbar.it
@ketumbar.roma
Buffet 8 €, boisson 7-12 €
Ouvert tous les jours

SPRITZ, PLANCHES ET PETITS PLATS

PASSUS

Avec son look industriel, le Passus est un petit bar très accueillant au cœur du quartier étudiant de San Lorenzo. Si les variantes du spritz sont top, les amateurs de bières artisanales seront tout aussi comblés. L'*aperitivo* n'est pas super copieux (un peu de charcuterie italienne et de fromages typiques), mais la carte propose aussi de bons petits plats pour ceux qui auraient encore un petit creux.

San Lorenzo
Via dei Volsci, 133
www.passussanlorenzo.it
@passusroma
Spritz 6 €, planche de charcuterie 5-10 €
Fermé le dimanche

UN BAR À VIN SANS CHICHIS

FAFIUCHE

Il suffit de voir le nombre de bouteilles sur les étagères pour comprendre qu'ici, on aime le bon vin ! Et pour avoir une table, ça se bouscule au portillon. Au menu, de la charcuterie et du fromage, mais aussi des plats pour les plus gourmands. Un bar à la bonne franquette, où l'on se sent comme chez soi.

Monti
Via della Madonna dei Monti, 28
www.fafiuche.it @fafiuchemonti
Plats/planche de charcuterie 3-15 €, boisson 5-8 €
Fermé dimanche

CONVIVIALITÉ ROMAINE

PASTIFICO SAN LORENZO

Simple et élégant, ce resto prépare un *aperitivo* à la romaine, composé de tripes frites (un plat typiquement romain), de *focacce* et de charcuterie typique, le tout servi sous forme de petites portions à partager dans un esprit convivial. Si l'établissement possède une bonne sélection de cocktails, notre coup de cœur va au bloody Mary, créé avec la sauce tomate maison du chef !

San Lorenzo
Via Tiburtina, 196
www.pastificiosanlorenzo.com
@pastificio.sanlorenzo
Cocktail 8 €, plat à partager 7-10 €

SORTIR DES SENTIERS BATTUS

TRE DE TUTTO

Envie d'un apéro tranquille en terrasse ? Voici le bar qu'il te faut. Situé à Garbatella, l'un des quartiers les plus authentiques de la ville, Tre de Tutto sert un *aperitivo* assez simple, mais délicieux. On adore aussi l'ambiance et le vaste choix de boissons.

Garbatella — **Via Giustino de Jacobis, 19**
www.tredetuttogarbatella.it — **@tredetutto_garbatella**
Fromage 8 €, plat 2,50-3,50 €, cocktail 8 €

CHARCUTERIE ET TAPAS À LA VÉNITIENNE

L'OMBRALONGA DAL « VENEZIANO »

Les spritz et les planches de charcuterie sont les points forts de ce minuscule bar, devenu une référence du quartier Centocelle, et qui pratique des prix imbattables ! De Rome, on voyage aussi à Venise, patrie du spritz et des *cicchetti* (les amuse-bouches en tout genre qui accompagnent un verre de vin).

Centocelle — **Via Federico Delpino, 106**
www.facebook.com/LOmbralonga — **@lombralonga**
***Cicchetti* 2-5 €, planche de charcuterie 6 €, verre 2-3,50 €** — **Fermé dimanche**

AMUSE-BOUCHES ET VUE SUR TEMPLE

SALOTTO 42

Ici, l'apéritif est servi avec des amuse-bouches, dans un décor aux lumières tamisées face aux ruines du temple d'Hadrien. Comme c'est le cas dans beaucoup d'endroits du centre historique, on vient avant tout dans ce lieu pour le cadre (de rêve), même si les cocktails sont plutôt bons et le personnel sympathique.

Centre historique — **Piazza di Pietra, 42 - Pantheon**
www.salotto42.it — **@salotto42**
***Aperitivo* 10-12 € (1 boisson incluse)**

MUSIQUE LIVE

Ras le bol de l'atmosphère *dolce vita* et Fiat 500 ? Certains bars organisent de petits concerts avec des groupes de la scène musicale locale. Indie, rock, jazz, blues ou underground… Les propositions sont nombreuses et il suffit de jeter un coup d'œil sur les réseaux sociaux des établissements pour connaître leur programmation. Quand la musique est bonne, c'est jusqu'au bout de la nuit !

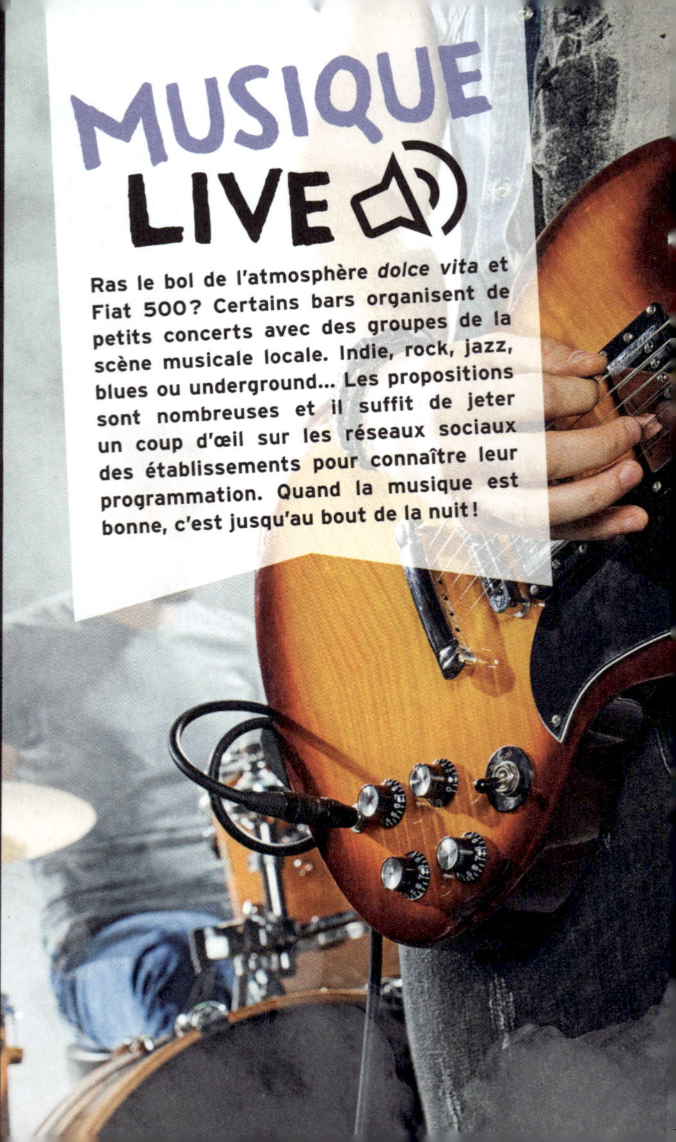

EX-CINÉ RECONVERTI

ALCAZAR LIVE

Si le lieu en lui-même vaut le détour, sa programmation variée en fait un incontournable ! Qu'ils jouent de la pop, du R&B ou de la musique indépendante italienne, les artistes font le show dans cet ex-cinéma, où la scène et la piste de danse se trouvent au rez-de-chaussée tandis que les tables sont placées à l'étage, derrière une baie vitrée, pour siroter son cocktail en toute tranquillité.

- Trastevere
- Via Cardinale Merry del Val, 14
- www.alcazarlive.it
- @alcazar_live
- Concert selon la programmation 7-15 €
- Fermé dimanche-mercredi

L'ATMOSPHÈRE DES ANNÉES VINGT

BLACKMARKET HALL

Si après avoir déambulé dans les ruelles du quartier Monti, tu es pris d'une soudaine envie de musique, précipite-toi au Blackmarket ! Son ambiance rétro et sa terrasse enfouie sous la végétation te donneront envie de swinguer jusqu'à la fermeture sur des reprises, du rock ou du jazz. Les cocktails sont top, ce qui ne gâche rien.

- Monti
- Via dei Ciancaleoni, 31
- www.blackmarkethall.com
- @blackmarkethall
- Concert 5-20 €

UN IMMENSE CONCERT SANS DÉPENSER UN SOU !

Le 1er mai, c'est concert géant devant la basilique Saint-Jean-de-Latran (www.primomaggio.net) ! Une soirée mémorable et totalement gratuite où artistes d'Italie et d'ailleurs se succèdent devant une foule en délire pour un véritable marathon musical !

SPEAKEASY AVEC CONCERT

L'ARGOT

En fin de semaine, ce joli bar inspiré de la prohibition américaine organise de petits concerts de jazz ou d'artistes locaux. Bonne musique, look soigné et cocktails créatifs: l'endroit mérite que l'on s'y arrête. Il faut adhérer au club pour entrer, mais on a vite envie de faire partie de cette clientèle d'habitués qui se sent comme chez elle.

- Centre historique
- Via dei Cappellari, 93 - Campo de'Fiori
- www.argotroma.com
- @argot.secretbar
- Carte de membre 10 €

DU SON SUR LE TIBRE

LIAN ROMA

Envie de prendre les voiles ? À hauteur du pont Cavour, tu peux descendre sur les berges du Tibre pour rejoindre le bateau du Lian. S'il ne largue plus les amarres depuis longtemps, il offre un cadre sympa et insolite pour écouter un bon concert. Pop, rock, folk ou reprises, il y en a pour tous les goûts.

- Centre historique
- Lungo Tevere dei Mellini, 7 - Ponte Cavour
- www.lianroma.com
- @lianclub.official
- Concert 10-15 €
- Fermé lundi-mardi

UNDERGROUND

30FORMICHE

Qui dit Pigneto dit culture alternative et underground. Dans les deux salles de 30Formiche, qui semblent creusées à même la roche, l'ambiance est cool et détendue. On boit des coups et on refait le monde dans la première, tandis que la deuxième est dédiée à la musique live. Si vous êtes plutôt rock, punk et street art, vous devez absolument y aller !

- Pigneto
- Via del Mandrione, 3
- www.30formiche.it
- @trenta_formiche
- Carte de membre 10 €
- Fermé dimanche, lundi

UN INCONTOURNABLE DE SAN LORENZO

MARMO

C'est une vaste programmation, qui va du folk au jazz en passant par l'électro, que propose ce bar situé à l'intérieur d'une ancienne marbrerie. Devenu un incontournable du quartier étudiant de San Lorenzo, cet espace polyvalent possède aussi un immense jardin pour profiter de la musique en dégustant une bonne bière sous les étoiles.

San Lorenzo
Piazzale del Verano, 71
www.facebook.com > Marmo
@marmoroma
Concert 10-20 €
Fermé lundi

MUSIQUE LIVE, MAIS PAS QUE

LARGO

Connu pour sa scène musicale et son merveilleux jardin, Largo est avant tout un vrai symbole de réaménagement urbain. Dans sa grande salle, artistes internationaux, italiens et romains se succèdent pour de la musique live, mais le lieu accueille aussi de l'art et des festivals de ciné. Bref, Largo est un lieu créatif qui vaut la peine.

Prenestino
www.largovenue.com
Entrée gratuite, concert 10-15 €
Via Biordo Michelotti, 2
@largo_official
Fermé lundi-mercredi

ROCK ET HARD ROCK

WISHLIST

Ce bar est tout petit, mais à l'intérieur, ça déménage ! Malgré ses dimensions réduites, l'acoustique est plutôt bonne pour écouter des groupes émergents, le plus souvent de rock, de hard rock ou de métal. Bonne ambiance, bonne musique, le top pour se plonger dans la vie nocturne romaine !

San Lorenzo
www.facebook.com > Wishlist Roma
Entrée gratuite ou 10-15 € selon les artistes
Via dei Volsci, 126B
@wishlistclub
Fermé lundi-mercredi

LES BOÎTES LES PLUS COOL

De nuit, Rome a une tout autre allure. Électro, techno, métal, rock, tous les styles de musique coexistent, et c'est une Rome transgressive et déjantée qu'on découvre dans les boîtes de la capitale, aux antipodes des sérénades des vieux films italiens. Rien de mieux que d'aller clubber pour percevoir la ville sous un autre jour !

LA RÉFÉRENCE INTERNATIONALE

FANFULLA 5/A

Cette discothèque est devenue une vraie référence au niveau international et les clubbers de toute l'Europe s'y précipitent. Avec ses DJ totalement déjantés et sa bonne ambiance, cette boîte se réinvente sans cesse, comme beaucoup d'endroits du Pigneto. Elle est de loin l'un des meilleurs endroits pour découvrir la culture alternative romaine.

Pigneto
Via Fanfulla da Lodi, 5/a
www.fanfulla5a.it
@fanfulla5a
Carte de membre 8 €
Ouvert tous les jours 22h-3h

LA PLUS BRANCHÉE

LANIFICIO 159

Ici, l'ambiance est toujours au top ! Dans ce spot incontournable, les noctambules se déchaînent lors de soirées à thème aux sonorités variées : années 1990-2000, house, soul, R&B, électro ou disco. Situés dans une ancienne filature de laine, les locaux sont gigantesques et, de mai à septembre, on fait la fête directement sur le toit !

Pietralata
Via di Pietralata, 159
https://urlz.fr/kQ3G
@lanificio
Entrée 10-15 €
Septembre-mai : ouvert vendredi-samedi soir ; mai-septembre : ouvert tous les soirs

RELAX AVANT TOUT

CIRCOLO DEGLI ILLUMINATI

Envie de faire la fête dans un lieu super relax ? Tu es au bon endroit. Dans cette boîte, le dress code est décontracté et la musique éclectique, avec plusieurs salles. Et il y a même un jardin pour reprendre ton souffle ! Alors pas d'excuses !

Ostiense
Via Giuseppe Libetta, 1
@circoloilluminati
www.circolodegliilluminati.it
Entrée 5-10 € selon la soirée
Fermé lundi-mercredi (ouvert jeudi et dimanche jusqu'à 2h, vendredi-samedi jusqu'à 4h)

CHIC ET MONDAINE
ART CAFÈ

Au cœur de la villa Borghèse, plus chic et formel, l'Art Cafè occupe une place de choix dans la vie nocturne des Romains grâce à la qualité de ses soirées (hip-hop le vendredi et vaste sélection musicale le samedi), et l'été, son jardin est accessible pour y danser jusqu'à l'aube ! À noter : le lieu est exclusif et le dress code élégant de rigueur.

- Centre historique
- Viale Galoppatoio, 33 - Villa Borghese
- www.facebook.com > Art Cafè
- @artcafe_roma
- Entrée 10-15 €
- Fermé du dimanche au jeudi (les autres jours, ouvert de 23h à 5h30)

JUSQU'AU PETIT MATIN
RASHOMON CLUB

Au Rashomon, tu pourras te déhancher sur la piste jusqu'au petit matin ! Spécialiste de l'underground, ce club connu pour ses soirées où DJ italiens et étrangers s'affrontent aux sons de beats électros et new wave. Dans un décor sombre et minimaliste qui te donnera l'impression d'avoir atterri dans un club berlinois.

- Ostiense
- Via degli Argonauti, 16
- www.rashomonclub.com
- @rashomon.club
- Entrée 20 €
- Fermé dimanche-mardi (ouvert mercredi-jeudi 22h-4h et vendredi-samedi 23h-8h)

LOCAUX INDUSTRIELS
BLACK QUBE

Le Black Qube, c'est la boîte où tous les Romains sont allés au moins une fois dans leur vie ! En fait, presque trois en une, car à chacun des trois étages de ses énormes locaux industriels, on danse sur une ambiance différente (house, électro, disco, rock). Le vendredi, certains se pressent à la soirée gay « Muccassassina », mais quel que soit le jour, mieux vaut réserver pour éviter la queue !

- Casal Bertone
- Via di Portonaccio, 212
- www.facebook.com > QUBE ROME
- @black_qube_roma
- Entrée à partir de 10 € selon les événements
- Fermé dimanche-jeudi (les autres jours, ouvert 20h-5h)

DISCOTHÈQUE ET KARAOKÉ

VANITY CLUB

Dans ce spot situé en plein Trastevere, on commence par un karaoké avant de poursuivre sur le dancefloor. Plusieurs salles permettent de choisir son ambiance: plutôt bar sur la plage ou speakeasy. Attention, même si le lieu est un peu caché, il est généralement bondé (cocktails top, personnel super et large sélection musicale).

- Trastevere
- www.facebook.com > vanityclub roma
- Entrée 10 € (boisson incluse)
- Via del Moro, 35
- @vanityclub.roma
- Fermé dimanche-mercredi (les autres jours, ouvert 23h-5h)

CLUB HOUSE

ROOM 26

C'est avant tout la musique house qui est au programme le samedi soir, quand DJ italiens et internationaux se déchaînent dans la plus grande salle de ce club réputé de la capitale. Le vendredi, le son est plutôt vintage, et tu pourras te déhancher sur les tubes des années 80-90. Chacun sa soirée pour clubber !

- Eur
- www.room26.it
- Entrée 10-15 € (1 boisson incluse), 20 € (2 boissons incluses)
- Piazza Guglielmo Marconi, 29/31
- @room26official
- Fermé dimanche-mercredi (les autres jours, ouvert 23h-4h30)

DES COCKTAILS EN VEUX-TU EN VOILÀ

Dans la capitale italienne, ce ne sont pas les bars qui manquent, surtout dans quelques quartiers particulièrement fréquentés par les noctambules de la ville. Mais malgré la concurrence, certains ont tout de même réussi à tirer leur épingle du jeu avec des cocktails qui décoiffent et des décors insolites. Fans de speakeasy et de mixologie, préparez-vous pour une tournée des bars !

DES TOILETTES
PAS COMME LES AUTRES

FUN FACT • FUN FACT

Dans les bars romains, la pause toilette est souvent mémorable. Graffitis, ruines en marbre en guise de lavabos, objets design ou rétro, décors insolites, vous y trouverez de tout ! Au Club Derrière, tout est caché : le bar comme les toilettes, planquées derrière une bibliothèque ! Surprise garantie.

CLUB DERRIÈRE
Vicolo delle Coppelle, 59
www.facebook.com > Club Derrière
@clubderriere
Ouvert tous les jours 22h-4h
Cocktail 12-15 €

LES ANNÉES 20 SONT DE RETOUR
JERRY THOMAS SPEAKEASY

Référence de la mixologie en Italie et classé à plusieurs reprises parmi les cinquante meilleurs bars du monde, le Jerry Thomas Speakeasy nous ramène dans les années 20 et les bars clandestins américains. Comme tous les clubs, une carte de membre est nécessaire pour pouvoir y entrer, mais l'expérience vaut vraiment le détour.

Centre historique
www.thejerrythomasproject.it
Cocktail 10-15 €, carte de membre 5 €
Vicolo Cellini, 40 - Campo de'Fiori
@jerrythomasproject_rome

LE MEILLEUR BAR DU PIGNETO
CO.SO COCKTAIL & SOCIAL

Malgré son look super décontracté, le CO.SO est l'un des meilleurs bars à cocktails du Pigneto. On y sert de délicieuses boissons qui sortent allègrement des sentiers battus, comme le bloody Mary version *black*, au jus de tomate et à l'encre de seiche. Des propositions insolites pour une belle soirée en perspective.

Pigneto
https://cosoroma.business.site
Via Braccio da Montone, 80
@coso.roma
Cocktail 9-12 €

DES COCKTAILS PAS BANALS

BLIND PIG

Dans ce bar au look soigné mais pas guindé, l'atmosphère est détendue et les touches d'humour ne manquent pas, du cochon sur la porte d'entrée aux noms des boissons ! Vous apprécierez cet endroit convivial, qui propose des cocktails revisités ainsi qu'une bonne sélection de gins.

San Giovanni
Via La Spezia, 72
www.facebook.com > Blind Pig - Roma
@blindpigroma
Cocktail 10-12 €

MESCAL ET TEQUILA

LA PUNTA EXPEDIO DE AGAVE

La déco comme le personnel haut en couleur, ici tout rappelle le Mexique ! L'agave y est l'ingrédient phare de tous les cocktails (sous forme de sirop, de tequila ou de mescal), que l'on déguste à table ou directement au comptoir, pour plus de convivialité. Un voyage sensoriel vers l'Amérique du Sud dans le coin le moins touristique de Trastevere.

Trastevere
Via di Santa Cecilia, 8
www.lapuntaexpendiodeagave.com
@lapuntaexpendiodeagave
Cocktail 9-12 €

COMME UN AIR DE VACANCES

MAKAI SURF TIKI BAR

Les délicieux cocktails de ce bar au décor hawaïen, inspirés par la culture polynésienne, sont aussi dans le thème. Un véritable voyage à travers les saveurs exotiques qui te portera des îles d'Hawaï aux mers du Sud en passant par le Mexique et Tahiti.

Ostiense
Via dei Magazzini generali, 4/B
www.makaitikibar.it
@officialmakairoma Cocktail 10 €

LE PARADIS DU GIN

THE GIN CORNER

Situé dans l'hôtel Adriano, ce bar est le lieu idéal pour les amateurs de gin: plus de 120 marques à tester dans un décor simple et sans prétention, loin de la formalité des habituels bars d'hôtels. Pour les passionnés, le lieu propose des dégustations de leur sélection qui ferait pâlir d'envie les Anglais!

Centre historique
Via di Pallacorda, 2 - Montecitorio
www.thegincorner.com
@thegincorner
Cocktail 12-15 €, dégustation de gin 25-45 €

L'INCONTOURNABLE DU TRASTEVERE

FRENI E FRINZIONI

C'est un comptoir gigantesque et un mur de bouteilles qui t'attendent en plein Trastevere, chez Freni e Frinzioni. Devenu une vraie référence dans le quartier pour la qualité de ces cocktails classiques mais efficaces et sa bonne ambiance, ce bar possède aussi une immense terrasse, sympa quand les beaux jours reviennent.

Trastevere
Via del Politamea, 4
www.freniefrizioni.com
@freniefrinzioni
Cocktail 9-12 €

POSH ET PUNK

DRINK KONG

Néons, salles sombres, vieux canapés en velours colorés: te voilà propulsé dans l'Angleterre des années 80! Les cocktails ne sont pas donnés, mais la qualité est au rendez-vous pour les versions traditionnelles comme pour les plus innovantes.

Monti
Piazza San Martino ai Monti, 8
www.drinkkong.com
@drinkkongbar
Cocktails 12-15 €

SE LA COULER DOUCE DANS LES BARS

L'Italie reste la patrie de la *dolce vita*, alors pourquoi ne pas en profiter pour se la couler douce dans les bars les plus typiques et les plus sympas de la capitale ? Voici une sélection de spots où vous pourrez chiller en dégustant vins italiens, bières artisanales et bien sûr le célèbre spritz.

CAVE À VINS
IL GOCCETTO

La vieille enseigne « *Vino e Olio* » et les étagères remplies de bouteilles annoncent la couleur : ici, le vin est roi ! Avec son vieux comptoir et son personnel compétent, l'atmosphère d'Il Goccetto a déjà conquis les Romains. Le plus dur pour vous sera de trouver une place avant de pouvoir enfin en profiter !

Centre historique
Via dei Banchi Vecchi, 14
www.facebook.com > Il Goccetto
Verre de vin 5-8 €
Fermé dimanche

THE PLACE TO BE
BAR SAN CALISTO

Ne vous fiez pas à son aspect un peu désuet : San Calisto, c'est LE bar de Trastevere. Au fil de la journée, les générations s'y succèdent : le matin, les salariés y prennent la pause-café, l'après-midi, les retraités viennent jouer aux cartes, et le soir, les jeunes font la fermeture !

Trastevere
Piazza di San Calisto, 3
www.barsancalisto.it
@barsancalisto
Spritz 2,50 €, prosecco 3,50 €, bière 2,50-4,50 €

LE BAR DE PASOLINI
NECCI DAL 1924

Necci, bar emblématique du Pigneto, a vu toute l'évolution de ce quartier depuis 1924 et a même accueilli Pasolini, qui tournait ses films dans les parages. Avec son mobilier vintage et de récup' et son petit jardin sous pergola, il n'y a pas de meilleur endroit pour boire un verre… ou deux !

Pigneto
Via Fanfulla da Lodi, 68
www.necci1924.com
@necci1924
Bière/vin 5-7 €, cocktail 7-12 €

SORTIR À PETIT PRIX

Deux quartiers sont recommandés pour passer une bonne soirée sans casser sa tirelire : le Pigneto, l'ex-quartier ouvrier, et San Lorenzo, le quartier étudiant. Restos, loyers, bars, cinés, tout y est moins cher, et le week-end, les rues sont prises d'assaut pour y boire un verre ou deux. Mais ne t'inquiète pas, il restera bien une place pour toi !

UN GRAND CLASSIQUE

AI TRE SCALINI

Ce n'est pas un bar, c'est une certitude ! Ouvert depuis 1895, le Trescalini (qui tient son nom des trois petites marches que vous verrez en entrant) fait plaisir à ses clients avec une bonne sélection de vins et de liqueurs italiennes amères (*amaro*). Ce lieu d'une autre époque incarnera, le temps d'une soirée, toute l'hospitalité romaine.

Monti
Via Panisperna, 251
www.aitrescalini.org
@bottiglieria_aitrescalini
Bouteille de vin 15-30 €, liqueur 6 €

LE PLUS COOL DE TOUS

BAR DEL FICO

Personne ne pourra vous expliquer pourquoi cet endroit a autant de succès, mais les faits sont là : quand on sort dans le centre, on file directement au Bar del Fico ! Qu'on trinque sous la grande verrière ou sur la terrasse, dans la typique via della Pace, on s'y sent toujours bien et, malgré les années qui passent, ce bar reste indétrônable !

Centre historique
Via della Pace 34/35 - Piazza Navona
www.bardelfico.com
@bar_del_fico
Cocktail 10-13 €, spritz 8-10 €, vin/bière 5-7 €

DES BIÈRES À N'EN PLUS FINIR

OPEN BALADIN

La décoration d'Open Baladin, avec son mur orné de centaines de bouteilles, ne laisse aucun doute sur la nature du lieu : un paradis de la bière ! Blonde, blanche ou brune : le breuvage, ici artisanal, est omniprésent et la carte est longue comme le bras ! Heureusement, les descriptions sont là pour vous aider et le personnel pour vous conseiller afin que vous fassiez le meilleur choix.

Centre historique
@openbaladinroma
Via degli Specchi, 6
Bière 5-10 €
https://urlz.fr/kQ4c

AMBIANCE BOBO

CAFFÈ BOHÉMIEN

C'est dans une ancienne librairie que se cache le Caffe Bohemien, un petit bar cosy dans lequel tu pourras déguster un bon verre de vin ou siroter de délicieux cocktails. Ambiance bohème, avec des livres du sol au plafond, un mobilier excentrique et une gérante qui passe de table en table pour discuter. Impossible de ne pas tomber sous le charme de ce bar unique en son genre !

Monti
www.facebook.com > Caffè Bohémien
Spritz 6 €, vin 6-8 €, cocktail 8-10 €
Via degli Zingari, 36
@caffe_bohemien
Fermé mardi

J'TE L'AVAIS DIT.

CHINER

VINTAGE ET BONNES OCCASES ! → 78
SOUVENIRS, SOUVENIRS → 82
SHOPPING GOURMAND → 86

VINTAGE ET BONNES OCCASES !

****

Certains quartiers romains se prêtent particulièrement à la flânerie. Alors mettez-vous en mode farniente et partez chiner dans les minuscules boutiques de la ville. Que vous soyez branché fringues, fan de marchés aux puces ou à la recherche de bonnes occases, voici une liste d'endroits que vous allez adorer !

La boutique vintage par excellence

Omero e Cecilia

Tu cherches une paire de lunettes à la Audrey Hepburn pour te la jouer vacances romaines ? Des vieux tee-shirts de ton groupe de rock préféré ou des pantalons années 70 ? Tu es au bon endroit ! Selon les marques, les prix sont très variables, mais en cherchant bien tu pourras y faire de très bonnes affaires.

Centre historique
Via del Governo Vecchio, 110 - Piazza Navona
@via_del_governo_vecchio_35
Accessoires 15-20 €, tee-shirt 30 €, sac 40-50 €

Marché aux puces

Mercato di Porta Portese

Tous les dimanches, la foule envahit les rues situées aux alentours de Porta Portese et farfouille dans les étals qui débordent de vêtements, de livres, de disques et de bibelots en tout genre. Avec le temps, les petits objets et la quincaillerie ont pris le pas sur les beaux meubles anciens, mais on arrive toujours à y dénicher la perle rare.

Trastevere
www.portaportesemarket.it
10-50 €
@portaporteseroma
Piazza Ippolito Nievo, via Portuense jusqu'à Porta Portese
Ouvert dimanche matin 6h45-14h

Quand la musique est bonne

Radiation Records

Qu'on soit rock, classique, pop ou metal, impossible de repartir les mains vides de ce magasin où l'on pourrait passer des heures à fouiller dans les bacs pour dégoter le CD qu'on cherchait depuis toujours. Les CD et vinyles (neufs ou d'occasion) et les nombreuses promotions en font un lieu de rendez-vous des passionnés de musique.

Pigneto
https://shop.radiationrecords.net
5-20 €
Via Romanello Da Forlì, 14
@radiation_records
Fermé dimanche

Vêtements et lingerie 100% vintage

Mademoiselle Vintage

Cette boutique, un vrai petit bijou, reflète le soin avec lequel la propriétaire des lieux (dont la bonne humeur vaut le détour !) sélectionne les vêtements et accessoires proposés. En manque d'inspiration ? Chiara sera aussi de bon conseil pour te faire repartir avec un tout nouveau look !

Pigneto
Via Alberto da Guissano, 62
www.mademoisellevintage.it
@mademoisellevintageshop
Accessoires 10-30 €, pantalon 20-50 €, chemise 20-30 €, sac 25-50 €, manteau 70-120 €
Fermé dimanche-lundi

Pour les fous de ciné

Hollywood tutto sul Cinema

Bienvenue au paradis des cinéphiles ! Vieux posters, affiches, objets rares, DVD à n'en plus finir, photos d'époque… Hollywood tutto sul Cinema, c'est un véritable temple dédié au septième art ! Que vous soyez plutôt films internationaux ou que vous cherchiez une affiche de *La Dolce Vita*, vous trouverez forcément votre bonheur.

Centre historique
Va di Monserrato, 107 - Campo de'Fiori
www.hollywood-video.it
@hollywoodroma
Mini poster 10 €, maxi poster 30 €, photo 6 €
Fermé dimanche

Librairie old style

Antica Libreria Cascianelli

Son décor, intact depuis le 19e siècle, nous fait quitter l'ambiance de piazza Navona pour nous propulser directement dans un film d'Harry Potter ! Pas étonnant que cette librairie ait servi de décor à de nombreux films. Les prix sont ceux d'un antiquaire, mais on peut y dénicher de beaux petits objets à des prix plus abordables.

Centre historique
Largo Febo 14/16 - Piazza Navona
www.anticalibreriacascianelli.com
@libreriacascianelli
Cartes postales anciennes 1 €, livres de poche 4-10 €

Grandes marques à petits prix

Pulpvintage

Le quartier de Monti, c'est un peu la patrie du vintage, et tu trouveras de nombreuses boutiques sympas en te promenant dans ses petites ruelles. Le Pulpvintage, lui, vend surtout de grandes marques des années 60 à aujourd'hui : vêtements, chaussures et surtout beaucoup d'accessoires, c'est un shopping haute couture qui t'attend !

Monti
Via del Boschetto, 15A
www.facebook.com > Pulpvintage Roma
@vintagepulp
Accessoires 30-50 €, robe 60-80 €, veste 70-90 €, sac 50-70 €

VINTAGE MARKET : UN PHÉNOMÈNE QUI PREND DE L'AMPLEUR

Vintage Market, ce sont des événements organisés dans des lieux alternatifs pour mettre en valeur le *made in Italy*. Tu y trouveras du vintage, du fait main, des artistes et des artisans locaux. Suis la marque sur les réseaux sociaux (@vintage_market_roma) pour connaître les prochains marchés !

SOUVENIRS SOUVENIRS

****

Dans le centre, ce ne sont pas les magasins de souvenirs qui manquent ! Si vous cherchez juste un magnet, un porte-clé ou un tee-shirt *Ciao bella*, pas besoin de guide pour les trouver. C'est donc une sélection de boutiques plus insolites et spécialisées que l'on vous propose, pour rapporter un petit bout de Rome dans votre valise.

Maroquinerie

Ibiz Roma

L'Italie est mondialement connue pour le travail du cuir et derrière Campo de' Fiori survit l'un des rares artisans qui travaille encore ce matériau. Porte-clés, ceintures, portefeuilles ou sacs, ici, tout est fait à la main avec savoir-faire et passion, et les prix sont plutôt raisonnables au regard de la qualité des produits.

Centre historique
www.ibizroma.it
Via dei Chiavari, 39
@ibizroma
Porte-clé 14 €, porte-monnaie 16 €, portefeuille 50 €
Fermé dimanche

Un ovni qu'on adore

Rome Duck Store

Cet endroit attire autant qu'il fascine ! Pourquoi ? Tu n'y trouveras que des canards de bain, déclinés dans toutes les variantes possibles : Superman, licorne, gladiateur ou star de rock ! On parie que tu auras envie de te lancer dans une collection...

Centre historique
www.romeduckstore.it
9-29 € selon les modèles
Via dei Coronari, 108 - Piazza Navona
@romeduckstore

Pour les créatifs

Blu Factory Store

Plus qu'une boutique, c'est un lieu inspirant, où la propriétaire choisit soigneusement artistes, designers et artisans afin de mettre en valeur leur travail. Une véritable galerie d'art, abordable et sans prétention, où l'amour de la création est roi. Si vous cherchez des souvenirs uniques, vous avez frappé à la bonne porte.

Pigneto
https://blufactorystore.business.site
Via Fanfulla Da Lodi, 64
@blufactorystore
Petits cadres 5-10 €, cadres moyens 15-20 €, petits accessoires/bijoux fantaisie 20-30 €
Fermé dimanche

Du marbre à n'en plus finir

La Bottega del Marmoraro

Ouvert depuis 1967, cet atelier reste l'un des endroits les plus caractéristiques de la rue Margutta. Ici, on travaille le marbre depuis des générations, et Sandro crée et vend, encore aujourd'hui, de petites plaques incisées d'aphorismes ou de dictons. Il est impossible de ne pas tomber sous le charme.

Centre historique
Via Margutta, 53B - Piazza del Popolo
www.facebook.com > La Bottega del Marmoraro
@bottegadelmarmoraro
Plaque incisée 15-50 €
Fermé le dimanche

Le coin des fans de foot

Trastevere Store

En Italie, le foot, c'est presque une religion et certains quartiers ont leur propre équipe. Si ce sport te passionne aussi et que tu en as marre des classiques gadgets des équipes de série A, tu dois absolument faire un tour ici. Tee-shirts, écharpes, maillots... Tu y trouveras de quoi faire le plein de cadeaux.

Trastevere
Via della Lungaretta, 98/99
www.facebook.com > Trastevere Store
@trasteverestoreofficial
Tee-shirt 10-15 €, maillot 35 €
Ouvert tous les jours, l'après-midi

Potier contemporain

Utol Ceramica

Les céramistes d'Utol, ouvert depuis peu, ont décidé de ramener l'artisanat au Pigneto. Ne t'attends pas à tomber sur les vases de ta grand-mère: les créations d'Utol sont amusantes, modernes et colorées! Sympa pour rapporter une jolie tasse à café ou un service pour l'*aperitivo*.

Pigneto
www.utolceramica.it
Tasse 10-15 €, service 50 €
Via Fortebraccio, 16/a
@utol_ceramica
Fermé dimanche

Un petit tour au Mexique

La Casa di Frida

Cette boutique vous fera voyager jusqu'au Mexique! Tout est 100% du pays: objets de déco, statuettes dédiées à la *fiesta de los muertos*, bijoux, cartes postales et bien d'autres surprises. Le plus: la gentillesse des propriétaires. Dépaysement garanti!

Ghetto
Via dei Falegnami, 9
www.lacasadifrida.com
@lacasadifrida
Coffret 15-30€, statuette 20€, tee-shirt 25€
Fermé lundi

Le paradis du papier

Cartolibreria del Pantheon

Qu'on les utilise ou non, on aime tous les beaux carnets. Vous trouverez dans cette jolie papeterie tout un tas d'objets dédiés à l'écriture: sceaux, cartes postales, plumes, encre, carnets en cuir ou en papier vénitien. Des articles de qualité dans un lieu hors du temps, où il est bon de flâner.

Centre historique
Via della Maddalena, 41 - Pantheon
www.cartoleriapantheon.it
@cartoleria.pantheon
Papier à lettres 15-20€, journal en cuir 30-40€, sceau 30€, cire 8€

Bijoux fantaisie

Bead Shop

Assemblés à la main avec beaucoup de passion, les bijoux fantaisie de cette petite boutique allient le raffinement des maîtres verriers italiens à la fantaisie orientale. Le résultat, des créations en verre uniques et colorées, est surprenant. Les prix sont très variables selon les pièces et la typologie des perles de verre.

Centre historique
Via Sora, 30 - Piazza Navona
https://beadshopitaly.com
@beadshopromerankoussi
Boucles d'oreilles 20-30€, pendentif 30€
Fermé le dimanche

SHOPPING GOURMAND

Dans les grandes capitales, dénicher des boutiques non touristiques pour rapporter quelques souvenirs n'est pas toujours facile. En tout cas, à Rome, à l'heure actuelle, les souvenirs les plus typiques restent ceux qui se mangent ! Du sucré au salé, voici quelques bonnes adresses pour faire le plein de gourmandise.

Le temple de la bonne bouffe

Eataly

Envie de rapporter une machine à pâtes, des câpres, du vin ou des tomates confites ? Les quatre étages de cet ex-aérogare sont dédiés aux produits italiens. La qualité a un prix, mais les nombreuses promotions te donneront un sacré coup de pouce. Tu y trouveras aussi de nombreux restaurants spécialisés, pour tester avant d'acheter.

Ostiense
Piazzale XII Ottobre 1492
https://urlz.fr/kQxy
@eatalygram
15-35 €

Charlie et la chocolaterie

Said

Avis aux amateurs de cacao ! Depuis 1923, cette chocolaterie régale tout Rome de ses délicieuses créations. Noir, au lait, blanc, praliné, aux noisettes : ici, tout est fait maison avec passion et originalité, dans un décor qui rappelle les anciens magasins de confiserie. Ne mange pas tout avant d'être arrivé chez toi !

San Lorenzo
Via Tiburtina, 135
www.said.it
@saiddal1923
Fermé lundi
Petits chocolats 9 € les 100 g

Biscuiterie artisanale

Biscottificio Innocenti

Pourquoi faire un tour dans cette biscuiterie ? Parce qu'elle régale les Romains depuis au moins quatre générations ! Les biscuits, de toutes formes et de tous types, sont vendus au poids, ce qui vous permet de tester toutes les variétés possibles. Pour offrir, vous pouvez confectionner de petites boîtes à remplir avec les gâteaux de votre choix.

Trastevere
Via della Luce, 21
www.biscottificioartigianoinnocenti.wordpress.com
@biscottificioinnocenti
Biscuits 13-18 €/kg
Fermé dimanche après-midi

Specialités gastronomiques

Castroni

En panne d'inspiration pour tes idées cadeaux ? Castroni est là pour te donner un gros coup de main ! Café, bonbons, vinaigre balsamique, huile d'olive, herbes aromatiques... Cette épicerie traditionnelle offre un vaste assortiment de produits gastronomiques à bons prix. Le challenge sera de tout faire rentrer dans la valise...

Prati
Via Cola di Rienzo, 196 - Vaticano
www.castronicoladirienzoshop.it
@castronicoladirienzo
Café 3-7 €, bonbons 1,50-6 €, herbes aromatiques 2 €

Qui dit Italie dit pasta !

Pastificio Guerra

Impossible de repartir d'Italie sans cette spécialité ! Dans ce très vieux magasin, qui s'est réinventé ces dernières années en préparant aussi des plats de pâtes à emporter, vous trouverez des paquets de pâtes artisanales. *Orecchiette*, *penne*, pâtes vertes aux épinards ou tricolores, la *pasta* n'aura plus de secret pour vous !

Centre historique
Via della Croce, 8 - Piazza di Spagna
www.facebook.com > Pastificio Guerra V. Della Croce
@pastificio_guerra1918
Paquet de pâtes 6-8 €

Des liqueurs de toutes les couleurs

La Boutique del Limoncello

Voici un lieu coloré qui pratique des prix très abordables, pour rapporter l'une des liqueurs les plus typiques d'Italie. En plus du limoncello classique, tu trouveras aussi des versions saveur pistache, melon, amande ou pêche, ainsi que des confitures artisanales. Avec un tel choix, tu ne pourras pas repartir les mains vides !

Centre historique
Via del Governo Vecchio, 94
www.facebook.com > La Boutique Del Limoncello
@la_boutique_del_limoncello
Liqueur 40 ml 5 €, 100 ml 8 €, 200 ml 10 €, 500 ml 15 €

L'épicerie de quartier

Antica Caciara Trasteverina

Cette épicerie qui regorge de produits typiques fait vraiment partie des lieux à ne pas manquer. Tu pourras t'y procurer les ingrédients de base de la cuisine romaine: pecorino, *pancetta*, saucissons, jambon cru, fromages frais... Si tu rêves de te préparer une bonne carbonara à ton retour, tout ce qu'il te faut est là!

Trastevere
Via San Francesco a Ripa, 140a/b
www.facebook.com > Antica Caciara Trasteverina
@anticacaciaratrasteverina
Fromage 15-18 €/kg, charcuterie 15-25 €/kg
Fermé dimanche

Un peu de café dans ta valise

Emporio Sant' Eustachio

Peur d'être nostalgique du café italien? On a la solution! À l'Emporio Sant' Eustachio, vous pourrez faire le plein de spécialités: café moulu ou en grain, liqueur, grains enrobés de chocolat, petites cafetières Moka. La vie est trop courte pour boire du mauvais café!

Centre historique
Via della Maddalena, 36 - Panthéon
https://caffesanteustachio.com
@emporio_santeustachio
Mini mug 5 €, paquet de café 6,80 €, bonbons 8,50 €, liqueur 15 €

LES GRANDS CHEFS S'INVITENT À TERMINI

Dans le hall de la gare de Termini, deux grands chefs stars du *Master Chef* italien ont installé leurs boutiques presque côte à côte. Une pâtisserie pour Iginio Massari (avec son célèbre panettone) et une dédiée aux produits du Sud pour Antonino Cannavacciuolo. Des souvenirs trois étoiles à des prix plutôt abordables.

SE BALADER

NE PARS PAS SANS VOIR ÇA! → 92
D'UNE BERGE À L'AUTRE DU TIBRE → 96
VIA APPIA : LA CAMPAGNE EN PLEINE VILLE → 102
PIGNETO : STREET ART ET QUARTIER BOHÈME → 108
OSTIA ANTICA : UNE ESCAPADE ARCHÉOLOGIQUE → 114

NE PARS PAS SANS VOIR ÇA !

10 LIEUX INCONTOURNABLES

TRÉSOR NATIONAL

☐ COLISÉE

Quand on pense à Rome, impossible de ne pas l'avoir en tête. Arène pour les combats de gladiateurs, forteresse, carrière de pierre, église et aujourd'hui monument symbole de l'Italie tout entière, le Colisée, construit en moins d'une dizaine d'années au 1er siècle après J.-C., a toujours été au cœur de la vie romaine. On reste bouche bée devant sa monumentalité.

Colosseo
Piazza del Colosseo
https://parcocolosseo.it
@parcocolosseo
Billet unique Colisée, Forum, Palatin : 16 € (tarif réduit 2 €), 22 € avec accès à l'arène, réservation obligatoire

À COUPER LE SOUFFLE

☐ FONTAINE DE TREVI

Malgré la foule, elle est le monument préféré des Romains ! Construite au 18e siècle, elle domine de toute sa splendeur baroque une place minuscule encastrée dans les ruelles de la ville. Il faut jouer des coudes pour rejoindre le bassin, mais en y jetant une pièce, on s'assure de revenir tôt ou tard à Rome (et le pire, c'est que c'est vrai !).

Centre historique
Piazza di Trevi
#fontanaditreviroma

SUR LES TRACES DES EMPEREURS

☐ FORUM ROMAIN ET MONT PALATIN

Toutes les affaires publiques, religieuses et économiques se déroulaient sur cette immense esplanade qu'est le Forum, place publique et cœur de la Rome antique. Sénateurs, dirigeants comme Jules César et empereurs s'y sont succédé. Le Forum est surplombé par la terrasse du Palatin, la colline où, selon la légende, Romulus fonda Rome en 753 avant J.-C.

Colosseo
Entrée : Largo della Salara Vecchia 5/6 / Arco di Tito, via Sacra
https://parcocolosseo.it **@parcocolosseo**
Billet unique Colisée, Forum, Palatin : 16 € (tarif réduit 2 €), 22 € avec accès à l'arène, réservation obligatoire

LE MONUMENT ANTIQUE LE MIEUX CONSERVÉ

☐ PANTHÉON

Temple païen édifié au 2e siècle, il est le monument de tous les records: malgré ses presque 2000 ans d'âge, il n'a pas pris une ride; ses matériaux d'origine sont en grande partie conservés et sa coupole gigantesque (l'une des plus grandes de l'Antiquité) servit de modèle pour la construction du dôme de Saint-Pierre.

Centre historique
Piazza della Rotonda
https://pantheon.eventim-inhouse.de **@pantheon.roma**
Ouvert tous les jours, réservation obligatoire sur le site Internet le samedi et le dimanche

LA CARTE POSTALE

☐ PIAZZA DI SPAGNA

Réputée pour être l'une des plus belles places de Rome, elle résume tout ce que la ville a de meilleur à offrir : une fontaine, une église monumentale, de belles façades colorées, des boutiques de luxe et un colossal escalier typique de la période baroque. Au printemps, elle est couverte de fleurs et ça en jette !

Centre historique
#piazzadispagnaroma

LE PALAIS DES PAPES

☐ MUSÉES DU VATICAN ET CHAPELLE SIXTINE

Chaque pape a voulu mettre sa pierre à l'édifice. Résultat : le Vatican demeure l'un des plus grands palais encore habités au monde et abrite des milliers d'œuvres. Art antique, trésors de Raphaël ou de Michel-Ange, galerie des cartes, appartements d'origine, vous en prendrez plein les yeux !

Vaticano
www.museivaticani.va
Entrée 17 € (tarif réduit 8 €), réservation obligatoire sur le site des musées (+ 4 €)
Fermé dimanche
Viale Vaticano
@vaticanmuseums

LE SYMBOLE DE LA CHRÉTIENTÉ

☐ BASILIQUE SAINT-PIERRE

Majestueuse, colossale, époustouflante : autant d'adjectifs utilisés pour décrire l'une des plus grandes basiliques de la chrétienté, devenue le symbole de la Cité du Vatican. Écrin des reliques de saint Pierre, elle conserve des œuvres du Bernin et *La Pietà* de Michel-Ange.

Vaticano
Piazza San Pietro
https://urlz.fr/kQy4
#basilicasanpietro
Basilique gratuite ; musée du Trésor 5 € ; coupole 8 € (10 € avec ascenseur)

LA CAPITALE DU MONDE

☐ MUSÉES ET COLLINE DU CAPITOLE

Les musées du Capitole se trouvent sur une colline modestement surnommée Caput mundi, la capitale du monde. La place fut conçue au 16e siècle par Michel-Ange et les palais qui la bordent abritent, entre autres, l'une des plus précieuses collections d'antiquités de la ville. Si vous cherchez la louve en bronze et ses fameux jumeaux, elle est ici !

Centre historique
Piazza del Campidoglio, 1
www.museicapitolini.org
@museicapitolini
Entrée 11,50 € ; 16 € (tarif réduit 14 €) en cas d'expo

LA PERLE BAROQUE

☐ PIAZZA NAVONA

Construite à l'emplacement du stade de l'empereur Domitien, qui lui donna sa forme allongée devenue sa marque de fabrique, cette place est un véritable chef-d'œuvre de l'art baroque. Entre l'église Sainte-Agnès, édifiée par Borromini, et la fontaine des Quatre-Fleuves, bâtie par Le Bernin, vous ne saurez plus où donner de la tête !

Centre historique
#piazzanavonaroma

DEMEURE HISTORIQUE

☐ GALLERIA BORGHESE

Si Napoléon réussit à s'emparer d'une grande partie de ses chefs-d'œuvre, encore aujourd'hui conservés au Louvre, la galerie Borghèse conserve néanmoins son titre de plus belle collection privée d'art italien. Le Bernin, Caravage, Titien, Raphaël ou Le Dominiquin, ils sont tous là grâce au cardinal Scipione Borghese. Profitez-en !

Centre historique
Piazzale del Museo Borghese, 5 - Villa Borghese
https://urlz.fr/kQy8
@galleriaborgheseufficiale
Entrée 15 € (tarif réduit 4 €), réservation obligatoire sur le site internet (+2 €) ou +390632810
Fermé lundi

D'UNE BERGE À L'AUTRE DU TIBRE

Si leur histoire n'a pas toujours été rose (pauvreté, insalubrité...), le Ghetto et Trastevere font aujourd'hui partie des quartiers les plus typiques de Rome. Ruelles minuscules, Vespa colorées, linge aux fenêtres : aucun doute, on est dans le Sud ! Découverte de ces lieux empreints d'authenticité.

DÉPART :
Teatro di Marcello, via del teatro di Marcello – Piazza Venezia

ARRIVÉE :
Via Benedetta, 25 – Piazza Trilussa

DURÉE :
2h30

ITINÉRAIRE :

UN SITE ARCHÉOLOGIQUE D'ACCÈS LIBRE

THÉÂTRE DE MARCELLUS ET PORTIQUE D'OCTAVIE

Inauguré en l'an 13 avant J.-C. par l'empereur Auguste, le théâtre de Marcellus, le seul de Rome encore debout, mérite le détour. Promenez-vous au milieu des ruines jusqu'à déboucher sur les restes du portique d'Octavie, un passage couvert monumental dédié à la sœur de l'empereur. Du 7e au 19e siècle, il abritait un marché aux poissons : bonjour les odeurs !

Ghetto
https://urlz.fr/kQvZ
Gratuit
Via del Teatro di Marcello
#teatrodimarcello #porticodottavia

L'UN DES PLUS VIEUX GHETTOS D'EUROPE

GHETTO JUIF

Créé en 1555, il a été aboli seulement en 1870. Si ses quelques rues sont aujourd'hui bordées de restos où il fait bon vivre, les plaques commémoratives et les « pavés de la mémoire » (*pietre d'inciampo* ou *stolpersteine*, posés à l'initiative de l'artiste Gunter Demnig) visibles au sol sont présents pour honorer le souvenir des victimes de la période nazie.

Ghetto
https://urlz.fr/kQw4
Entrée via del Portico d'Ottavia
#ghettoromano

UNE FONTAINE CONSTRUITE EN UNE NUIT

FONTAINE AUX TORTUES

Au n°18 de la place Mattei, tu verras une fenêtre murée: la légende raconte que le duc Mattei, qui habitait ici, jouait toute sa fortune au jeu et que, pour cette raison, le père de sa future épouse s'opposa à leurs noces. Pour lui montrer sa valeur, Mattei aurait fait construire, à deux pas de là et en une nuit, une fontaine pour la jeune femme, et murer la fenêtre en souvenir.

Ghetto
https://urlz.fr/kQw8
Piazza Mattei
#piazzamattei

SAUT DE PUCE À VIENNE

SPOT • SPOT • SPOT

LA DOLCEROMA

Dans la rue principale du Ghetto, derrière une devanture plutôt minimaliste, se cache le paradis des gourmands. Cette pâtisserie te propose un aller-retour pour Vienne grâce à ses délicieuses spécialités : brioche viennoise, Mozartkugeln, strudel, et pour ceux qui auraient plus qu'un petit creux, forêt-noire ou tarte Sacher.

- Ghetto
- www.ladolceroma.com
- Viennoiserie 1-3 €, gâteau 4 €/100 g
- Via del portico d'Ottavia, 20/b
- @ladolceroma
- Fermé lundi

UN HÔPITAL AU MILIEU DU FLEUVE

ÎLE TIBÉRINE

Cette île au milieu du Tibre fait elle aussi l'objet d'une légende : en 293 avant J.-C., les Romains, frappés par la peste, s'embarquent pour la Grèce afin d'implorer l'aide du dieu guérisseur Esculape. Ils ramènent de leur périple un serpent sacré, symbole de la divinité, mais le reptile s'échappe du navire et se réfugie sur l'île, où l'on construit alors un sanctuaire. La vocation médicale du lieu se poursuit aujourd'hui avec l'hôpital Fatebenefratelli.

- Trastevere
- https://urlz.fr/kQwU
- Ponte Fabricio
- #isolatiberina

FUN FACT • FUN FACT

DES ÉGLISES SENS DESSUS DESSOUS

À Rome, les églises cachent bien leur jeu et celles de Sainte-Cécile et de Saint-Chrysogone réservent bien des surprises : deux grands sites archéologiques se développent sous leur sol. Il n'y a plus qu'à s'aventurer au centre de la Terre pour découvrir les trésors qu'ils recèlent.

ÉGLISE SAINTE-CÉCILE-DU-TRASTEVERE
Trastevere Piazza Santa Cecilia, 22
www.benedettinesantacecilia.it
#santaceciliatrastevere Site archéologique 2,50 €

BASILIQUE SAN CRISOGONO
Trastevere Piazza Sidney Sonnino, 44
https://parrocchiasancrisogono.com
#sancrisogono Site archéologique 3 €

SUPPLÌ « AL TELEFONO »

SPOT • SPOT • SPOT

SUPPLÌ-ROMA

Cette rôtisserie sortie d'une autre époque est l'un des meilleurs endroits de la ville pour goûter cet incontournable de la street food romaine: le *supplì*. Si la mozzarella de cette croquette de riz fond suffisamment pour former un fil, comme celui des anciens téléphones, quand vous la croquez, on dit ici qu'elle est *al telefono*.

Trastevere
www.suppliroma.it
Supplì 1,50-2 €
Via di San Francesco a Ripa, 137
@suppliroma.official
Fermé dimanche

TOUS LES CHEMINS MÈNENT À...

PIAZZA DI SANTA MARIA IN TRASTEVERE

Tout le monde se donne rendez-vous ici et, pour distraire les gens qui attendent, la place se remplit souvent de musiciens ou de saltimbanques. Si vous avez envie de vous extraire du chaos l'espace d'un instant, entrez dans l'église, qui est une des plus belles de la ville. Ses mosaïques vous laisseront bouche bée.

Trastevere   https://urlz.fr/kQx3   #santamariaintrastevere

VIVE LA RÉPUBLIQUE !

VIA DELLA LUNGARETTA, 97

Lève la tête pour voir le portait de Giuditta Tavani Arquati, républicaine qui conspira avec d'autres patriotes contre le pape Pie IX pour l'instauration de la République romaine. En 1867, tous furent découverts dans cette filature de laine où Giuditta et sa famille furent massacrées par les troupes pontificales.

Trastevere   #giudittatavaniarquati

QU'ILS MANGENT DE LA BRIOCHE !

SPOT

MARITOZZO ROSSO

Ce resto a décidé de créer une version salée de cette petite brioche normalement fourrée de crème fouettée. Sur place ou à emporter, les *maritozzi* sont farcis d'ingrédients locaux (poulet à la romaine, *amatriciana*, fromage, anchois ou légumes). En prime, quelques tables et une petite terrasse : le bonheur assuré.

Trastevere
www.ilmaritozzorosso.com
Maritozzo petit 6,50 €, grand 9 €
Vicolo del Cedro, 26
@il_maritozzo_rosso
Fermé lundi

ROME À TES PIEDS

COLLINE DU JANICULE

S'il te reste encore quelques forces, monte sur le Janicule, depuis lequel tu pourras contempler le centre historique qui s'étend à perte de vue. De là, les militaires tirent tous les jours à midi un coup de canon pour indiquer l'heure. Et si tu en veux encore, va profiter des espaces verts de l'immense parc de la colline.

Trastevere
https://urlz.fr/kQx8
#gianicolo
Montée : vicolo del Cedro, puis via di San Pietro in Montorio
Terrasse : passeggiata del Gianicolo, jusqu'au belvédère
Descente : via di Porta San Pancrazio, puis via Garibaldi

BIÈRES ARTISANALES

SPOT

MA CHE SIETE VENUTI A FA

Un vaste choix de pressions, surtout italiennes, à savourer dans un bar où la bonne ambiance est garantie. L'endroit est minuscule et souvent bondé donc, la plupart du temps, on consomme à la romaine : directement dans la rue, devant la porte !

Trastevere
Via Benedetta, 25
www.football-pub.com
@machesietevenutiafa
Bière pression 4-6 €
Retour à la case départ : 15 min à pied ou par le bus 23 (montée à l'arrêt Lungotevere Vallati/Pettinari, descente à l'arrêt Piazza Monte Savello)

VIA APPIA : LA CAMPAGNE EN PLEINE VILLE

Besoin d'air pur et de campagne pour fuir le chaos de la ville ? Foncez vers la Via Appia (en français, la Voie Appienne). Quel bonheur de s'y promener, à pied ou à vélo, et de visiter les sites qu'on rencontre sur son chemin ! Pour les petits marcheurs, considérez le retour.

DÉPART :
Chiesa del Domine Quo Vadis

ARRIVÉE :
Villa dei Quintili

DURÉE :
2h30

ITINÉRAIRE :

Y ALLER/REVENIR :
Bus 118, montée à l'arrêt San Gregorio (Colisée), descente à l'arrêt Appia Antica-Domine Quo Vadis (et l'inverse pour le retour)

LA PREMIÈRE AUTOROUTE DE L'HISTOIRE

Le mot «autoroute» paraît anachronique, et pourtant c'est avec cette idée que les Romains ont construit la Voie Appienne en 312 avant J.-C. Descendant presque d'une traite jusqu'à Brindisi, elle tient son nom de son constructeur, Appio Claudio Cieco. Sa perfection et sa fonctionnalité lui ont valu le surnom de Regina Viarum: la Reine!

VIA APPIA ANTICA
www.parcoarcheologicoappiaantica.it @parcoappia

DES EMPREINTES DE PAS QUI FONT FUREUR

ÉGLISE DU DOMINE QUO VADIS

Ce sanctuaire, vénéré par les pèlerins, aurait été bâti sur le lieu où saint Pierre, fuyant les persécutions, aurait rencontré Jésus et lui aurait demandé où il allait : «*Quo vadis, Domine ?*» Dans l'église, on peut voir une plaque avec des empreintes de pieds considérées comme étant celles du Christ.

Via Appia Antica, 51 **www.dominequovadis.com**
#dominequovadis

À PIED OU À VÉLO

ECOBIKE

Si tu n'es pas un gros marcheur et que tu préfères profiter de la Via Appia à bicyclette, tu pourras louer un vélo pour profiter du parc archéologique quelques heures ou même toute la journée. Pédaler sur une route de presque 2500 ans au milieu des cyprès et des pins parasols, tu verras, c'est le paradis!

Via Appia Antica, 58-60
www.ecobikeroma.it **@ecobikeroma**
12-20€ selon le type de vélo et la durée

VOYAGE AU CENTRE DE LA TERRE

LES CATACOMBES

Avec plus de 50 catacombes, le sous-sol de Rome est un vrai gruyère. Trois d'entre elles sont visibles sur la Via Appia: celle de Domitilla, de saint Calixte et de saint Sébastien. Alors prenez la première visite disponible en français et descendez dans le dédale de galeries ! Aucun ossement n'est visible, donc les âmes sensibles ne seront pas en peine.

CATACOMBE DI SANTA DOMITILLA
Via delle Sette Chiese, 282 — www.catacombedomitilla.it
@catacombedomitilla — 10€ — Hiver : horaires variables

CATACOMBE DI SAN CALLISTO
Via Appia Antica, 110 — www.catacombesancallisto.it
@catacombe_di_san_callisto — 10€
Fermé mercredi (hiver : horaires variables)

CATACOMBE DI SAN SEBASTIANO
Via Appia Antica, 136 — www.catacombe.org
@catacomberoma — 10€ — Fermé au mois de décembre

FUN FACT

LE PIN PARASOL, ROI DE ROME

C'est sûrement lui qui te vient à l'esprit quand tu penses à l'Italie: le pin parasol ! Star incontestée des paysages de carte postale italiens, tu en verras tout le long du parcours.

ARRÊTE TON CHAR !

CIRQUE ET VILLA DE MAXENCE

Tout le monde a déjà entendu parler du cirque Maxime (Circus Maximus), alors qu'il n'en reste rien, mais peu de personnes connaissent celui de Maxence, construit au 4e siècle, alors qu'il est le mieux conservé de l'Antiquité. Les chars y fonçaient à toute allure et leurs conducteurs, les auriges, étaient aussi célèbres que nos pilotes de Formule 1 !

Via Appia Antica, 153
https://urlz.fr/kQGa
#circodimassenzio
Fermé lundi (les autres jours, ouvert 10h-16h)
Gratuit

LES MORTS ONT LA FOLIE DES GRANDEURS

MAUSOLÉE DE CECILIA METELLA

Le symbole de la Via Appia, c'est elle : cette gigantesque tombe construite au 1er siècle avant J.-C. pour Cecilia Metella. Rien n'était trop beau ni trop grand pour une riche Romaine. Au Moyen Âge, elle fut réutilisée comme château fort, d'où la présence des murailles et de l'église Saint-Nicolas en face.

Via Appia Antica, 161
#ceciliametella
Fermé lundi
https://urlz.fr/kQGh
Ticket 8€ (donne accès à tous les sites du parc archéologique de la Via Appia)

UNE FRASCHETTA SUR L'APPIA

SPOT • SPOT • SPOT •

IL GIARDINO DI GIULIA E FRATELLI

Une *fraschetta*, c'est un endroit typique de la campagne romaine et du Latium pour manger sur le pouce petit sandwich, charcuterie, légumes grillés ou plat de pâtes, le tout évidemment accompagné d'un bon verre de vin. Dans cet établissement de la Via Appia, avec son jardin et son atmosphère à la bonne franquette, ton petit en-cas sera mémorable !

Appia Antica — **Via Appia Antica, 176**
www.facebook.com > Il Giardino di Giulia e Fratelli
#ilgiardinodigiuliaefratelli — **Fermé lundi**
Café/cappuccino 1,50-2 €, sandwich 4,50 €, gâteau 4,50 €, plat 10-15 €

SE POSER EN TERRASSE

SPOT • SPOT • SPOT •

APPIA ANTICA CAFFE

Dans ce petit bar, l'ambiance est cordiale et détendue. Directement sur la voie ou dans le jardin, à l'ombre des pins, l'Appia Antica Caffe est l'endroit idéal pour un déjeuner sur le pouce, un quatre-heures ou un apéro en fin de parcours. La cuisine est simple, mais le cadre exceptionnel !

Via Appia Antica, 175 — **www.appiaanticacaffe.it**
@appiaanticacaffe
Café/cappuccino 1-1,50 €, tarte 4,50 €, bière 4-5 €, sandwichs 5 €, *aperitivo* 13 €

DES TOMBES LE LONG D'UNE VOIE RAPIDE ?

S'il y a des ruines tout le long de la Via Appia, c'est parce que dans l'Antiquité la route était bordée de tombes, plus ou moins grandes selon la richesse de leurs propriétaires. En la parcourant, les voyageurs lisaient les épitaphes ou observaient les sculptures des défunts, ce qui était, d'une certaine manière, pour les Romains, un moyen d'honorer leur mémoire et de les rendre immortels.

POUR LES CYCLISTES OU LES BONS MARCHEURS

VILLA DEI QUINTILI

Vous vous souvenez de l'histoire de rivalité entre Louis XIV et Nicolas Fouquet à propos de Vaux-le-Vicomte ? Ici, c'est un peu la même, mais version antique : l'empereur Commode était tellement jaloux de cette villa des frères Quintili qu'il les fit condamner à mort pour la récupérer ! Considérez la distance avant de pousser jusque-là, car il vous faudra ensuite revenir sur vos pas.

Appia antica
Via Appia Antica, 251
https://urlz.fr/kQGx
#villadeiquintili
Ticket 8 € (vendu au mausolée de Cecilia Metalla ; donne accès à tous les sites archéologiques du parc de la Via Appia)
Fermé lundi

AU BERCAIL POUR FINIR LA SOIRÉE

SPOT • SPOT • SPOT •

COMING OUT

Tout le monde le connaît et tout le monde le fréquente : ce bar LGBT, avec sa vue sur le Colisée, est l'incontournable du quartier. L'ambiance y est à la fête et les clients, souvent survoltés, envahissent largement toute la rue en sirotant les cocktails les plus variés. Une touche de bonne humeur pour une soirée qui s'annonce déjà déjantée !

Colosseo
Via di San Giovanni in Laterano, 8
www.comingout.it
@comingoutroma
Cocktails 5-7 €

PIGNETO : STREET ART ET QUARTIER BOHÈME

Direction Pigneto pour découvrir une Rome qu'on n'a pas l'habitude de voir. Cet ancien quartier ouvrier, très malfamé il y a encore une vingtaine d'années, est aujourd'hui à lui seul un vrai village ! En cause, les petits prix, les nombreux bars et restos, les étudiants et artisans, les librairies et, surtout, les street artistes, qui ont fini par débarquer en masse.

DÉPART :

Via del Pigneto - Piazza del Pigneto

ARRIVÉE :

Parco delle energie. Via Prenestina, 175 - Largo Preneste

DURÉE :

2h

ITINÉRAIRE :

ROME ET L'ART URBAIN

La rencontre de Rome avec le street art, relativement récente, a commencé autour de 2010 avec les premières grandes peintures murales du quartier d'Ostiense. Depuis, les street artistes romains sont devenus de véritables stars et leurs collectifs, comme M.U.R.O ou P.A.T, s'activent pour embellir les quartiers les plus défavorisés.

@streetartroma

UN PETIT TOUR SUR L'ÎLE ?

VIA DEL PIGNETO

La rue principale du Pigneto est surnommée l'île (*isola*). Le matin, on vient boire son café en terrasse, on discute ou on fait son marché alors que, le soir, les bars se remplissent jusque dans la rue. Tu y verras déjà quelques œuvres de street art, mais c'est surtout la vie de quartier qu'on vient chercher ici.

Via del Pigneto **@pigneto_roma**

CAFÉ-LIBRAIRIE FÉMINISTE

SPOT SPOT SPOT

LIBRERIA TUBA

Ce café-librairie, ouvert par onze femmes, a su devenir une véritable référence culturelle du Pigneto. Du petit déjeuner jusqu'à tard le soir, ce bar rempli de livres, aux tables colorées, t'accueille pour te détendre dans une ambiance relax. Il propose aussi des conférences engagées, pour une société plus juste.

Via del Pigneto 39/a **www.libreriatuba.it** **@libreriatuba**
Cafétéria 1,50€-4,50€, bière/vin 5-7€, cocktails 7-10€
Fermé dimanche

SOLO, LA STAR DU STREET ART ROMAIN

VIA FIVIZZANO

Masqué comme les super-héros qu'il représente habituellement, l'artiste Flavio Solo est une des stars du street art romain. Il est l'auteur des petits Spidermen disséminés sur les murs du quartier, mais surtout de cette peinture murale dédiée à ses parents, la version Marvel d'un joli couple cheveux au vent.

Via Fivizzano, 47-31 **@flaviosolo**

LES TEMPS MODERNES

ROSTI

Dans la cour de Rosti, l'un des restos préférés des habitants du quartier, l'artiste polonais M-City a décidé de dénoncer la condition ouvrière et la soumission de l'être humain aux machines. Quand on sait que Rosti était un ancien atelier de réparation et qu'on se trouve dans un ancien quartier ouvrier, cette œuvre, intitulée *Engrenages*, prend tout son sens.

Via Bartolomeo d'Alviano, 65 **www.rostialpigneto.it**
@rostialpigneto **#mcitystreetart**

LE STREET ART S'EXPOSE EN GALERIE

NERO GALLERY

Cette petite galerie dédiée au street art et au lowbrow expose les artistes que vous pouvez voir au Pigneto. Ils peignent sur les murs du quartier, finissent par se faire connaître, exposent pour vivre de leur art, puis poursuivent leur travail sur les murs pour rester accessibles à tous : la boucle est bouclée !

Via Castruccio Castracane, 9
@nerogalleryroma
www.nerogallery.com
Fermé dimanche-mardi

LES GÂTEAUX D'AUTREFOIS

SPOT • SPOT • SPOT

BURRO CREAM&COFFEE

Un petit creux ? Ce très joli bar est là pour résoudre le problème ! Entre papier peint fleuri et machine à café vintage, on est catapulté à l'époque de nos grands-mères et de leurs bons gâteaux maison. Notre coup de cœur ? Les pancakes, incroyables, mais pour ceux qui préfèrent le salé, vous trouverez aussi quelques petits sandwichs pour le déjeuner.

Circonvallazione Casilina, 79
www.facebook.com > Burro Cream&Coffee
@burro_creamandcoffee
Café 1 €, biscuit 0,50 €, gâteau 2-2,50 €
Fermé lundi

UN MUSÉE À CIEL OUVERT

VIA FANFULLA DA LODI ET VIA FORTEBRACCIO

Quelques œuvres monumentales ont fait de certaines rues des musées à ciel ouvert. C'est le cas de la via Fanfulla da Lodi, où tu pourras admirer des peintures de Maupal (*L'occhio è l'unico che può accorgersi della bellezza*) et de Mr.Klevra (*Piccola Maria*), dédiées au poète et réalisateur Pasolini.

MAUPAL ET MR.KLEVRA
Via Fanfulla da Lodi, 62 et 41
@maupal.artist @mrklevra

2501
Via Fortebraccio, 10
@never2501

SUR LE POUCE OU PLUS SI AFFINITÉ

SPOT • SPOT • SPOT •

BISTROT LA FAVOLA

Ce petit bistrot de quartier propose sa cuisine du petit déjeuner jusqu'au dîner. Dans une ambiance simple et sympa, tu pourras te contenter d'une simple pizza fourrée de mortadelle (le grand classique du déjeuner romain sur le pouce) ou tester un bon plat de pâtes en profitant de la formule déjeuner.

Via Prenestina, 168 C/D
https://bistrotlafavola.it
@bistrotlafavola
Pizza à la mortadelle 2,50 €, sandwich 2 €, formule déjeuner 8 €
Fermé dimanche

BLU, LE BANKSY ITALIEN

VIA PRENESTINA

À cause de son anonymat volontaire, il est souvent comparé à Banksy. Très engagé socialement, Blu (voir p. 108) est l'artiste grâce auquel les Romains sont tombés amoureux du street art. Son message, toujours le même, dénonce la lutte des classes, celle des plus pauvres face au monde du travail aliénant et aux mauvaises conditions de vie.

Via Prenestina, 163 — @blustreetart

UNE EX-USINE REINVENTÉE

EX-SNIA (PARCO DELLE ENERGIE)

Récupérée par les habitants du quartier, cette ancienne usine désaffectée est devenue, grâce à la bonne volonté de tous, un véritable point de rendez-vous: terrain de basket, street art, cours de yoga, ludothèque, parc public, tout le monde a une bonne raison de venir. Passe y faire un tour : tu auras l'impression d'être dans une autre ville !

Via Prenestina, 173 — https://urlz.fr/kQJE — #parcodelleenergie

PUB ET COCKTAILS BAR SO BRITISH

SPOT • SPOT • SPOT •

PUNCH

Pas de meilleur endroit pour finir une promenade street art ! Dans ce lieu au style un peu british, tu ne pourras passer qu'une bonne soirée. L'Angleterre des 18e et 19e siècles et la Compagnie britannique des Indes orientales sont à l'honneur, avec des cocktails originaux et délicieux !

Via Alberto da Giussano, 69 — www.punchroma.com
@punchroma — Cocktail 8-12 €
Retour à la case départ : à pied (15 min), ou en tram 19/5/14 (10-15 min, monter à l'arrêt Prenestina/Giussano, descendre à l'arrêt Piazzale Prenestino)

OSTIA ANTICA :

UNE ESCAPADE ARCHÉOLOGIQUE

Avec ses 150 hectares, Ostia Antica (Ostie, en français) est... le plus grand site archéologique de la planète ! Au milieu des ruines et des pins parasols, vous découvrirez la vie dans l'Antiquité. Pensez à apporter un en-cas et sachez qu'un simple ticket de métro suffit pour prendre le train qui vous emmènera jusqu'au site.

DÉPART :

Via dei Romagnoli, 117

ARRIVÉE :

Piazza Testaccio, 38-41

DURÉE :

1 journée

ITINÉRAIRE :

Y ALLER/REVENIR :

À la Stazione Porta San Poalo, train direction Cristoforo Colombo, arrêt Ostia Antica. Au retour, train direction Stazione Porta San Paolo, arrêt du même nom.

ÇA VEUT DIRE QUOI, OSTIE ?

PARCO ARCHEOLOGICO DI OSTIA ANTICA

Ostium signifie « embouchure d'un fleuve ». Fondée selon la légende en 620 avant J.-C., Ostia Antica a d'abord été une colonie de défense de l'embouchure du Tibre. Grâce à sa position, elle est devenue le port de Rome au 2e siècle avant J.-C., réceptionnant les marchandises des quatre coins de l'Empire. Abandonnée au 6e siècle, la ville est aujourd'hui très bien conservée.

Via dei Romagnoli, 717
www.ostiaantica.beniculturali.it
@parco_archeo_ostia
Fermé lundi
Entrée 12 € (tarif réduit 2 €), gratuit 1er dimanche du mois

LA VILLE DES MORTS

NECROPOLI OSTIENSE

Te voici à présent dans la nécropole: tu es sur le site sans y être vraiment car, comme l'exigeait la loi romaine, les défunts étaient enterrés à l'extérieur des villes. Sarcophage ou urne funéraire, mausolée pour les plus riches, colombarium pour les plus pauvres et les corporations, les tombes et monuments funéraires prennent des visages divers.

@parco_archeo_ostia

DE LA RIGUEUR AVANT TOUT

CARDO ET DECUMANUS

Dans l'Antiquité, les Romains étaient extrêmement scrupuleux et ne laissaient rien au hasard en matière de construction. Le *cardo* et le *decumanus*, deux axes perpendiculaires, sont les deux artères principales autour desquels toute ville romaine se développait. Le *decumanus* prolonge la via Ostiense, qui déjà arrivait jusqu'à Rome (à l'endroit où tu as pris le train).

Viale degli Scavi / Porta Romana
@parco_archeo_ostia

PRENEZ DE LA HAUTEUR

TERME DI NETTUNO

Une rampe d'escalier permet d'accéder à une grande terrasse surplombant les thermes pour admirer les mosaïques où Neptune, le dieu romain de la mer, des îles et des fleuves, s'en donne à cœur joie ! La ville, qui compta 50 000 habitants au plus fort de sa croissance, possédait de nombreux thermes.

Viale degli Scavi (entre via dei Vigili et via della Fontana)
@parco_archeo_ostia

MOLIÈRE AVANT L'HEURE

TEATRO ROMANO

Les gradins encore parfaitement conservés font de ce théâtre antique l'un des points les plus photogéniques du site. Construit au 1er siècle avant J.-C. par l'empereur Auguste, puis agrandi par la suite, il pouvait accueillir entre 3 000 et 4 000 spectateurs. N'oubliez de contrôler l'acoustique : demandez à quelqu'un de chuchoter en bas et vous l'entendrez jusqu'en haut !

Viale degli Scavi / Via delle Corporazioni
@parco_archeo_ostia

OSTIA ANTICA FESTIVAL

De juin à septembre, des représentations théâtrales (antiques et contemporaines) et des concerts ont lieu dans le théâtre d'Ostie. Légère brise, odeur des pins et ruines illuminées, on ne peut pas rêver mieux !

TEATRO ROMANO
Viale degli Scavi / Via delle Corporazioni
www.ostiaanticа.beniculturali.it
@ostiaanticafestival
Programme et tarifs sur le site Internet

JOUER AUX EXPLORATEURS

Même si les monuments les plus importants se trouvent le long de la voie principale, n'hésitez pas à aller explorer les petites ruelles latérales et à vous perdre entre les ruines pour découvrir des restes de fresques, de splendides mosaïques ou d'anciens commerces. Archéologue en herbe, c'est là que ça se passe !

LE COMMERCE AVANT TOUT

PIAZZALE DELLE CORPORAZIONI

Adossée au théâtre se développe la gigantesque place des Corporations, de plus de 100 mètres de long. On y trouve 70 petites pièces décorées de mosaïques sur le thème du commerce maritime : corporations, noms des villes avec qui l'on commerçait, tout y est inscrit. C'est probablement ici que les armateurs et les négociants avaient leurs bureaux.

Ostia Antica
@parco_archeo_ostia
Via delle Corporazioni

LE CŒUR DE LA VILLE

FORO ET CAPITOLIUM

Tu te demandes pourquoi ici, comme à Rome, on retrouve un forum et un capitole ? C'est simplement parce que toutes les villes romaines étaient constituées de la même manière : une grande place publique, un temple dédié à la « triade capitoline » (Jupiter, Junon et Minerve), des basiliques, des thermes et des lieux de spectacle.

Viale degli Scavi (entre via dei Molini et via Gherardo)
@parco_archeo_ostia

BOIRE UN VERRE DANS LE PASSÉ

THERMOPOLIUM DI VIA DI DIANA

C'est fou de voir comme certaines choses ne changent pas : dans la via di Diana, vous pourrez voir une *tavola calda* (table chaude, comme on les appelle encore en italien), autrement dit, un bar pour consommer sur le pouce, qui ressemble en tout point à ceux d'aujourd'hui ! Un comptoir pour choisir sa consommation et payer, des représentations de ce qui est servi et un four pour réchauffer les mets. Surprenant, non ?

Via di Diana **@parco_archeo_ostia**

PIQUER UNE TÊTE

SPOT

BELSITO PIZZERIA – STABILIMENTO BALNEARE

Après une longue promenade, pourquoi ne pas aller prendre l'air en bord de mer ou carrément piquer une tête ? Quelques stations de train après Ostia Antica, on atterrit au Lido d'Ostie, les plages les plus proches de Rome. Vous pourrez louer un transat pour vous dorer la pilule en buvant une bonne bière ou en dégustant une part de pizza.

Ostia Lido
Piazza Sirio, 1
www.facebook.com > Stabilimento Belsito
@belsito_ostia
Bière 3-4 €, pizza 8-12 €, salade 6-8 €, transat 10-15 €

UNE BIÈRE DANS LE CENTRE

SPOT

OASI DELLA BIRRA – ENOTECA PALOMBI

Te voici de retour à la case départ ! À cinq minutes à pied du métro Piramide, ce bar à vin typique du quartier de Testaccio te propose aussi de la bière (500 différentes !), l'ensemble à des prix plus que corrects. Les locaux sont un peu vieillots, mais qu'importe le flacon pourvu qu'on ait l'ivresse !

Testaccio
Piazza Testaccio, 38-41
www.facebook.com > Oasi della Birra
@oasi_della_birra
Vin/bière 5-8 €

PRATIQUE

TO DO LIST

☐ PAPIERS D'IDENTITÉ

Une carte d'identité suffit pour les ressortissants de l'Union européenne. Garde-la toujours avec toi car les autorités locales peuvent te la demander, ainsi que les musées pour les réductions. Pense à en faire une photocopie en cas de perte ou de vol.

☐ CARTE ÉTUDIANTE

Ne l'oublie pas pour pouvoir bénéficier de réductions dans les différents sites et les musées !

☐ COVID

La situation du Covid continue d'évoluer. Même s'il n'y a plus de restrictions, consultez le site de l'ambassade avant de partir pour connaître la situation sanitaire au moment de votre séjour.

www.it.ambafrance.org > Consulat de Rome

☐ RÉSERVATIONS

Pense à réserver ton billet pour certains sites comme le Colisée, les musées du Vatican ou la galerie Borghèse, sans quoi, pas la peine d'espérer y entrer !

SOS :

Urgences : **118** ou **112** (n° européen)

Police : **113**

AMBASSADE DE FRANCE :

Piazza Farnese, 67

www.it.ambafrance.org, +39(0)6 686 011

En cas de perte ou de vol de vos papiers d'identité, contactez l'ambassade et suivez leur procédure.

AVANT DE PARTIR : À SAVOIR/À PRÉVOIR

J'Y VAIS QUAND ?

HIVER

Les températures sont douces et les journées peuvent être très belles. Un gros avantage : il y a vraiment peu de touristes.

PRINTEMPS

Il arrive plus tôt qu'en France et les températures commencent déjà à monter. La floraison des parcs et des sites en fait la saison la plus photogénique. À Pâques, les prix flambent et la ville est pleine à craquer.

ÉTÉ

L'humidité et les grosses chaleurs sont au rendez-vous. De juin à septembre, c'est la saison des festivals, des concerts et des cinémas en plein air. Au mois d'août, les Romains partent en vacances et de nombreuses activités ferment la semaine du 15 août.

AUTOMNE

C'est souvent l'été indien, il y a donc de très belles journées jusqu'en novembre avec une température idéale. La ville se vide petit à petit des touristes.

ATTENTION AUX JOURS FÉRIÉS !

Le pays compte pas mal de jours fériés, durant lesquels certains lieux peuvent être fermés. Mieux vaut les avoir en tête avant de prendre ses billets !

VOICI UNE LISTE POUR T'AIDER :

1er et 6 janvier, Pâques, lundi de Pâques, 25 avril, 1er mai, 2 juin, 29 juin, 15 août, 1er novembre, 8 décembre, 25 et 26 décembre.

J'Y VAIS COMMENT ?

EN TRAIN — + ÉCOLO

- Paris Gare de Lyon-Milan (Milano Porta Garibaldi), puis Milan-Rome
- À partir de 80 €
- 12 heures environ www.sncf.com
- www.sncf-connect.com

EN BUS — - CHER

- La compagnie Flixbus relie certaines villes françaises (Paris, Lyon, Bordeaux, Marseille...) à Rome (gares routières Tiburtina ou Agnanina)
- À partir de 35 € 22h environ au départ de Paris
- www.flixbus.fr

EN AVION — + RAPIDE

- 2 heures de Paris
- À partir de 80 € avec une compagnie low cost ; sinon, à partir de 150 €
- Liaisons depuis d'autres grandes villes françaises par Air France, ITA Airways et des compagnies low cost
- www.airfrance.fr www.ita-airways.com

AÉROPORT DE FIUMICINO ⇆ CENTRE-VILLE

TRAIN (LEONARDO EXPRESS)

- Relie la gare de Rome-Termini en 30 minutes
- 5h35-22h35 (ensuite un bus de nuit assure le service) Toutes les 30 min (toutes les 15 min aux heures de pointe)
- 14 € l'aller, 28 € l'aller-retour www.trenitalia.com

TRAIN RÉGIONAL FL1

- Relie les gares de Tiburtina, Ostiense, Trastevere, San Pietro et Tuscolana en 30 à 60 min. Toutes les 15 à 30 min
- 8 € l'aller, 16 € l'aller-retour
- www.trenitalia.com

BUS TERRAVISION

- Relie le centre-ville à l'aéroport de Fiumicino en 1 heure environ
- 4h30-00h15, toutes les 25-40 min selon les horaires
- 6 € l'aller, 11 € l'aller-retour https://urlz.fr/kRAf
- Considérez les embouteillages pour ne pas rater l'avion

AÉROPORT DE CIAMPINO ⇆ CENTRE-VILLE

BUS TERRAVISION

Relie le centre-ville à l'aéroport de Ciampino en 45 minutes environ
4h30-00h20, toutes les 40 min environ — 6€ l'aller, 11€ l'aller-retour
https://urlz.fr/kRAg — Considérez les embouteillages pour ne pas rater l'avion

TRANSPORT EN COMMUN

Bus n° 520 (direction Cinecittà MA) et métro ligne A direction Battistini (centre-ville), arrêt Cinecittà ou Subaugusta — 1 heure environ
Le plus économique, car on voyage avec son ticket de métro (1,50-2 €)

OÙ TU CRÈCHES ?

LE PLUS ÉCONOMIQUE

Les hôtels et petites pensions les plus abordables se situent autour de la gare de Termini. La qualité est parfois discutable, mais c'est très pratique pour les transports. Les prix sont plus bas en banlieue, mais réservez près d'une ligne de métro.

LE PLUS COMMODE

Si vous avez un peu plus de budget, loger dans le centre reste la solution la plus pratique pour se déplacer à pied et profiter du centre historique de nuit.

LE MEILLEUR RAPPORT QUALITÉ/PRIX

Des quartiers comme Trastevere, le Ghetto, Testaccio ou le Vatican restent proches du centre tout en étant plus économiques.

LE PLUS INSOLITE

Loger dans un couvent ! Le confort est parfois rudimentaire, mais l'expérience peut être intéressante pour rester dans le centre historique sans dépenser une fortune. Noctambules s'abstenir : il y a généralement un couvre-feu (22h30-23h).

Centre Pastoral : www.centreaccueilrome.com

APPARTEMENT

Si vous avez envie d'une expérience chez l'habitant ou si vous venez en groupe.

www.airbnb.fr

AUBERGE DE JEUNESSE

Pas aussi réputées que dans les pays nordiques, mais certains sites spécialisés peuvent vous filer un coup de main pour trouver la solution idéale.

www.aubergesdejeunesse.com
www.booking.com

ET MAINTENANT QUE J'Y SUIS ?

COMBIEN ÇA COÛTE ?

CARTE OU CASH ?

Ayez toujours un peu de liquide sur vous, mais depuis que les commissions bancaires sont plus basses, beaucoup d'activités peuvent sans problème être réglées par carte bancaire.

CHER

• **Hébergement :** difficile de trouver à moins de 100€/nuit.
• **Nourriture :** trattoria 20-30€, restaurant 40-60€. Au restaurant, le couvert n'est jamais compris (2-3€ en plus sur l'addition).

PAS CHER

• **On peut manger sur le pouce** pour 2-5€ en moyenne. Les pizzerias sont aussi abordables (15-20€). Pour boire un verre, tout dépend du quartier : pour un spritz, comptez jusqu'à 8€ dans le centre et 3,50€ au Pigneto.
• **Les musées ne sont pas très économiques** (12-15€), mais entre les réductions et les sites en accès libre, on équilibre la balance.

C'EST GRATOS, PROFITEZ-EN !

• **Musées d'État gratuits** le 1er dimanche du mois, Colisée compris (https://cultura.gov.it > Domenica al Museo). Arme-toi de patience pour la file d'attente.
• **Musées du Vatican gratuits** le dernier dimanche matin du mois (là, c'est plus que de la patience qu'il te faudra !).
• **Musées communaux gratuits** pour les Parisiens sur présentation d'un justificatif de domicile, dans le cadre du jumelage Rome-Paris.
• **Les églises sont en accès libre**.

BOUGE À ROME !

S'ORIENTER

Il y a peu de métros à Rome et on se repère souvent par rapport au monument le plus proche ou au *rione* (quartier), dont les noms sont inscrits sur les plaques fixées aux murs. Nous te les avons indiqués à côté des adresses de ce guide.

À PIED

C'est triste à dire, mais à pied on va souvent plus vite. Si tu loges dans le centre, tu n'auras presque jamais besoin de prendre les transports en commun.

TRANSPORTS EN COMMUN

MÉTRO : Avec seulement 3 lignes (A, B et C) tu ne peux pas te perdre !

5h30-23h30 (00h30 vendredi-samedi)
Ticket BIT : 1,50-2 €, valable 100 minutes sur métro, tram, bus et train pour Ostie **Roma 24h : 7 €, Roma 48h : 12,50 €, Roma 72h : 18 €**
www.atac.roma.it

BUS ET TRAMWAY : Ne cherche pas les plans de bus, il n'y en a pas ! Tu peux calculer ton parcours sur le site de l'Atac ou directement sur Google Maps. Mêmes tickets que pour le métro !

5h30-minuit **www.atac.roma.it** **www.google.fr/maps**

ACHETER SES TICKETS : ils ne sont pas vendus à bord, tu les trouveras aux distributeurs automatiques dans chaque station de métro, au guichet des stations Spagna et Ottaviano (ligne A), dans les bureaux de tabac ou dans les kiosques verts à journaux.

SCOOTER

Pour les téméraires, vous pouvez louer une Vespa grâce à l'agence Bici&Baci. Mais attention, les Romains ont la réputation d'être des fous du volant et ce n'est pas une légende !

www.bicibaci.com **12-18 €/heure**

LEXIQUE DE SURVIE

SALUT !	→ CIAO !
BONJOUR	→ BUONGIORNO
BONSOIR	→ BUONASERA
AU REVOIR	→ ARRIVEDERCI
S'IL VOUS PLAÎT	→ PER FAVORE/PER PIACERE
MERCI/MERCI BEAUCOUP	→ GRAZIE/GRAZIE MILLE
PARLEZ-VOUS FRANÇAIS ?	→ PARLA FRANCESE ?
L'ADDITION S'IL VOUS PLAÎT	→ IL CONTO PER FAVORE
EXCUSEZ-MOI	→ SCUSI

ATTENTION AU DRESS CODE !

Pour entrer dans les églises (Panthéon compris) et au Vatican, tu dois avoir les épaules et les genoux couverts (les shorts sont autorisés mais ils doivent arriver aux genoux). Pense à toujours avoir un châle dans ton sac à dos si tu portes des débardeurs.

CRÉDIT PHOTOGRAPHIQUE

Alexandra Berjonval : p. 12, 43, 80-81, 82-83, 84-85, 86-87, 88-89, 108, 110, 111, 112 (© Adagp, Paris, 2023), 116h.

AdobeStock
beatrice prève : p. 74 • Giuseppe Parisi : p. 48 • Julia Fateyeva : p. 58 • Lpictures : p. 15 • Stockfotocz : p. 46 • vchalup : p. 67 • Voloshyn Roman : p. 60.

Shutterstock
Ackab Photography : p. 52 • Alberto Masnovo : p. 116b-117 • Alessio Orru : p. 29 • Box Lab : p. 75 • Catarina Belova : p. 17, 100 • Diego Fiore : p. 114 • DoorZone : p. 26 • Drop of Light : p. 9 • ecstk22 : p. 96 • Elena.Katkova : p. 56 • essevu : p. 102 • Fabio Balbi : p. 33 • Fortyforks : p. 71 • from my point of view : p. 30 • funny face : p. 45 • Giordano Cantone : p. 11 • Gkrphoto : p. 36 • Jukov studio : p. 38 • Justsolove : p. 62 • Kraft74 : p. 78 • Magdanatka : p. 40 • MariaKovaleva : p. 34 • Martina Birnbaum : p. 104 • Mateusz Gzik : p. 70 • Maxim Blinkov : p. 64 • OlgaBombologna : p. 24 • Patryk Kosmider : p. 18-19 • Photology1971 : p. 22 • positive emotions : p. 42 • S. Borisov : p. 54, 93, 94 • SEAGULL_L : p. 32 • Sergey Novikov : p. 105 • Smirart : p. 68 • Tilialucida : p. 107 • ValerioMei : p. 8 • Vlas Telino studio : p. 98 • Wider View : p. 41 • Yulia Grigoryeva : p. 72 • Zakhar Mar : p. 118-119.

Page 112 : © Adagp, Paris, 2023.

Clémentine Latron a créé les dessins qui figurent en couverture et sur les pages 20, 50, 76, 90.

Les fonds graphiques et pictogrammes proviennent de **AdobeStock, Google Icon et Shutterstock.**

© Luca Torrini

Ce titre a été conçu par Hachette Tourisme et écrit par **Alexandra Berjonval** sous la responsabilité de Joël Ambroggi.

Conception graphique de la couverture et de la maquette intérieure : **Studio POLI&CO**
Illustration en couverture : **Clémentine Latron**
Réalisation originale de la maquette intérieure : **Studio POLI&CO**

HACHETTE TOURISME
Direction : **Sidonie Chollet**
Direction éditoriale : **Cécile Petiau**
Fabrication : **Liza Sacco**

Contact presse : ✉ **rmazef@hachette-livre.fr** - **01 43 92 36 66**
Contact publicité et partenariats : **partenariat-tourisme@hachette-livre.fr**

Aussi soigneusement qu'il ait été établi, ce guide n'est pas à l'abri des changements de dernière heure, des erreurs ou omissions. Ne manquez pas de nous faire part de vos remarques. Informez-nous aussi de vos découvertes personnelles, nous accordons la plus grande importance au courrier de nos lecteurs :
hachette-tourisme@hachette-livre.fr

Conformément à une jurisprudence constante (Toulouse 14-01-1887), les erreurs ou omissions involontaires qui auraient pu subsister dans ce guide, malgré nos soins et les contrôles de l'équipe de rédaction, ne sauraient engager la responsabilité de l'éditeur. Le contenu des annonces publicitaires insérées dans ce guide n'engage en rien la responsabilité de l'éditeur.

Édité par Hachette Livre (58, rue Jean-Bleuzen, CS 70007, 92 178 Vanves Cedex)
Imprimé par Polygraf (Capajevova 44, 08199 Presov, Slovaquie)
Achevé d'imprimer : mai 2023
ISBN : 978-2-0178-8179-7 • 53-4517-0
Dépôt légal : mai 2023 • Collection n° 13 • Édition : 01